DE LA

PUISSANCE PATERNELLE

En Droit Romain

Et en Droit français

Thèse pour le Doctorat

SOUTENUE

Par M. Jules DÉDEBAT,

Avocat,

NÉ A TOULOUSE (HAUTE-GARONNE)

TOULOUSE

IMPRIMERIE DE CAILLEOL ET BAYLAC

34, RUE DE LA POMME, 34

1868

FACULTÉ DE DROIT DE TOULOUSE

THÈSE

POUR

LE DOCTORAT

SOUTENUE

Par M. JULES DÉDEBAT,

Avocat,

NÉ A TOULOUSE (HAUTE-GARONNE)

DE LA PUISSANCE PATERNELLE

En Droit Romain

Et en Droit français

TOULOUSE

IMPRIMERIE DE CAILLOL ET BAYLAC

34, RUE DE LA POMME, 34

1868

A LA MÉMOIRE DE MON PÈRE

A MA MÈRE — A MON FRÈRE

A MES PARENTS ET AMIS

FACULTÉ DE DROIT DE TOULOUSE

1867-68

MM.

CHAUVEAU (Adolphe) ✳, Doyen, Professeur de droit administratif.

DELPECH ✳, Doyen honoraire, en retraite.

RODIÈRE ✳, Professeur de Procédure civile.

DUFOUR ✳, Professeur de Droit commercial.

MOLINIER ✳, Professeur de Droit criminel.

BRESSOLLES, Professeur de Code Napoléon.

MASSOL ✳, Professeur de Droit romain.

GINOULHIAC, Professeur de Droit français, étudié dans ses origines féodales et coutumières.

HUC, Professeur de Code Napoléon.

HUMBERT, Professeur de Droit romain.

ROZY, agrégé, chargé du Cours d'économie politique.

POUBELLE, agrégé, chargé d'un cours de Code Napoléon.

BONFILS, agrégé.

ARNAULT, agrégé.

M. DARRENOUGUÉ, Officier de l'Instruction publique, secrétaire, agent-comptable.

Président de la Thèse, M. DUFOUR.

Suffragants: MM. MASSOL..
BRESSOLLES.
HUC.
BONFILS.

DROIT ROMAIN

A Rome, la puissance paternelle était le droit absolu du père de famille, sur la personne et les biens de ceux qui lui étaient soumis.

Toute de droit civil, la *patria potestas* n'appartenait qu'aux citoyens Romains, seuls ils pouvaient la posséder, seuls ils pouvaient y être soumis. Les enfants *spurii seu vulgo concepti*, les Latins, les Pérégrins régis par le droit des gens, ne pouvaient jamais en être investis. Cette idée de puisssance sur laquelle est fondée la famille, est prise dans sa conception la plus absolue. Le père de famille est maître souverain de la personne et des biens de ses enfants ; ceux-ci se trouvaient placés pour ainsi dire sous les mêmes verges que l'esclave et le despotisme du père de famille était tel, qu'il allait jusques au pouvoir de disposer de la vie. Ainsi, chose inouïe dans les lois des peuples, nous voyons à Rome un tribunal particulier exister à l'égal des pouvoirs judiciaires de la nation ; nous voyons le législateur, autoriser, régler ce pouvoir exhorbitant, qui poussé jusques à ses dernières limites, fait d'un père un bourreau.

L'histoire nous montre plusieurs de ces Romains si, fiers de leur puissance, immolant leurs enfants, et certes plus d'un en commettant cet attentat que réprouvent toutes lois divines et humaines, avait-il devant les yeux l'exemple de Brutus et ces parole horribles dans la bouche d'un père « *I lictor deliga ad palum.* »

Telle qu'elle était organisée, la puissance paternelle n'existait nulle part ainsi : c'est ce que nous dit Justinien, *Jus autem potestatis quod in liberos habemus, proprium est civium romanorum nulli enim alii sunt homines, qui talem in liberos habeant potestatem, qualem nos habemus* (1). Pourtant Gaius nous apprend que chez les Galates le pouvoir du père de famille était aussi étendu que chez les Romains (2).

Comme nous allons le voir la puissance paternelle donnait : 1° le droit de vie et de mort sur les enfants droits que les mœurs firent bientôt tomber en désuétude ; 2° le droit de les vendre par la mancipation, ce qui constituait sur eux une puissance *sui generis* au profit de l'acheteur, appelée *mancipium* ; 3° le droit d'acquérir tout par eux comme par les esclaves.

Nous allons étudier successivement les manières d'acquérir la puissance paternelle : nous verrons dans la suite les conséquences de cette puissance tant sur les personnes que sur les biens, pour arriver après aux causes d'extinction de la puissance du père de famille.

(1) Inst. G., § 2, l. I, t. IX.
(2) Gaius, Com. 1, 55.

CHAPITRE PREMIER

Des causes d'acquisition de la puissance Paternelle

La puissance paternelle s'établissait : 1° par justes noces, 2° par légitimation, 3° par adoption.

Section I

Des justes noces.

Presque toujours dans le droit romain on trouve le dualisme de deux principes d'origine diverse, le droit civil et le droit naturel. Ainsi le voici qui se signale pour le sujet qui nous occupe actuellement. Il y avait à Rome deux sortes d'unions, les justes noces (*justæ nuptiæ, justum matrimonium*), et le concubinat (*injustæ nuptiæ et legitimæ*), pour le distinguer des unions illicites.

Des justes noces seules découlaient tous les droits de la

famille, tels que l'agnation, la puissance paternelle, « *in potestate nostrâ sunt liberi nostri quos ex justis nuptiis procreavimus , quod proprium civium romanorum est* (1). Les justes noces conféraient à l'homme le titre de *vir*, à la femme celui d'*uxor*, seuls les citoyens romains comme dit le texte, en avaient le privilège.

Le concubinat ne produisait aucun des effets du vrai mariage, les lois ne le réprouvaient pas, mais ses liens n'avaient rien d'honorable, surtout pour la femme. Ce fut sous Auguste, qu'il prit place parmi les conventions autorisées par le droit naturel et légalement reconnues (2). Il n'engendrait pas d'effets civils. La femme, que l'on appelait *amica, concubina, convictrix*, n'avait pas le titre de mère de famille. Les règles du droit naturel le gouvernaient seules. Les enfants issus de cette union n'étaient point bâtards *(noti)*, on les appelait *liberi naturales*, pour désigner ainsi les liens qui les unissaient à leurs parents, ils ne succédaient pas à leurs père qui n'avait aucune puissance sur eux, ne portaient pas son nom; ils ne faisaient pas partie, en un mot, de la famille. Mais à l'égard de la mère ils avaient des droits aussi étendus que les enfants légitimes.

Quand à l'union des esclaves, on l'appelait *contubernium* et ne produisait que des effets naturels.

Trois conditions étaient nécessaires pour contracter des justes noces.

1° La puberté ; 2° le consentement ; 3° le *connubium*.

§ 1.

Dans le premier état du droit, l'âge de la puberté n'était

(1) Inst. J., l. I, t. IX.
(2) 144 D. 50, 6.

point fixé, le père de famille était seul juge, du moment
où elle s'accomplissait, plus tard les jurisconsultes la
fixèrent à douze ans pour les filles, quatorze ans pour les
hommes. Avant cet âge on ne pouvait que faire des fian-
çailles et l'union contractée avant ce terme n'était point
légitime et ne le devenait qu'à l'époque de la puberté (1).

§ 2.

La deuxième condition pour contracter des justes noces
était le consentement. Les futurs époux devaient consentir
réciproquement à leur union ; et s'ils n'était point *sui juris*
le consentement du père de famille était nécessaire. « *Nuptiæ consistere non possunt nisi consentiant omnes, id
est, qui coeunt, quorumque in potestate sunt* (2). » C'était
en effet, en vertu de cette espèce de propriété sur tous les
membres de la famille que le consentement du chef était
exigé.

Lorsque le père du futur était lui-même en puissance
son consentement devait être aussi demandé. L'aïeul, en
effet, ne pouvait pas augmenter la famille, sans l'assentiment de celui qui devait en être un jour le chef. Quand
aux filles, le consentement de l'aïeul était seul nécessaire
car les filles sortant de leur famille, pour entrer dans
une autre, tous les liens du passé étaient rompus, dès lors
l'aïeul seul devait être consulté. La mère n'ayant et ne
devant jamais avoir la puissance paternelle, son consentement n'était point nécessaire. L'enfant qui, par adoption,
était passé dans une famille étrangère, ne dépendait plus
que de son père adoptif, qui seul devait décider du mariage

(1) D. 23, 2, 4.
(2) D. l. 11, eod.

l'enfant émancipé, devenu *sui juris* était maitre de sa destinée, il était libre de se marier sans l'avis de son père.

Tel était le droit primitif. Il y fut dérogé par une constitution des empereurs Valens et Valentinien, puis par une autre d'Honorius et de Théodose. D'après ces constitutions, la fille âgée de moins de vingt ans, quoique émancipée, devait demander le consentement à son père, et, en cas de décès, celui de sa mère et des proches parents (1). Le père refusait-il de consentir au mariage, les présidents et proconsuls des provinces pouvaient les contraindre en vertu des édits de l'empereur Sévère et Antonin (2). Lorsque le père de famille était en démence, le mariage pouvait avoir lieu en présence des curateurs de l'enfant devant le préfet de la ville, à Rome, et devant le gouverneur et l'évêque de la province. Les Romains, malgré leur despotisme et le joug de fer sous lequel ils avaient placé la famille, n'osèrent point pourtant donner au père le pouvoir de marier malgré eux leurs enfants. Certes, après avoir donné au père une puissance si étendue, ils pouvaient, sans grands efforts, se permettre ce nouvel attentat contre la liberté humaine : ils ne l'ont pas fait, c'est ce que nous apprend le Digeste : « *Non cogitur filius familias uxorem ducere* (3) ». Mais si le fils ne s'est marié que par seule crainte révérentielle, le jurisconsulte nous apprend qu'il y a justes noces (4) et ce texte n'est pas en désaccord avec le précédent, puisque dans l'alternative de se marier ou de s'exposer au courroux de son père, sa volonté a fait un choix.

---

(1) L. l. XVIII et XX, C. de nuptiis.

(2) L. XIX, D. de ritu nuptiarum.

(3) D. 23, 21, 2.

(4) 22, D. eod.

§ 3

La troisième condition pour contracter de justes noces, était le *connubium*.

Ulpien nous en donne la définition : *Connubium est uxoris jure ducendæ facultas* (1). Primitivement le *connubium* n'existait qu'entre citoyens romains; plus tard il fut accordé aux Latins, mais il fallait une mention spéciale, c'est ce que nous apprend encore Ulpien (2) : « *Connubium habent cives romani cum civibus romanis. Cum Latinis autem et peregrinis ita si concessum sit,* ». J'examinerai très rapidement les divers obstacles au *connubium*. Lorsqu'on était encore marié, l'on ne pouvait contracter un second mariage: les Romains n'admettant pas la bigamie. Plus tard, l'engagement dans les ordres sacrés fût un empêchement. Un castrat ne pouvait pas non plus contracter de justes noces, à moins pourtant que la femme ne donnât son consentement.

Le *connubium*, ai-je dit, n'existait qu'entre citoyens et par mention expresse seulement avec les Latins et les Peregrins. Il en fut autrement lorsque Caracalla eut étendu le droit de cité à tout l'empire. D'après la loi des douze Tables, le *connubium* n'existait pas entre patriciens et plébéiens. « *Ne connubium patribus cum plebe esset decemviri tulerunt.* » Cette barrière entre les deux ordres fût une des principales causes des agitations et des discordes qui tourmentèrent les commencements de la république romaine. Vers l'an 305, le tribun Canuleius proposa un plébiciste qui fut adopté, par lequel le mariage entre

(1) Ul., t. I, V, § 3.
(2) Ulpien eod., § 6.

les deux castes fut autorisé. La loi Papia Poppæa accorda
en outre le *connubium* entre ingénus et affranchis. La parenté naturelle ou civile était un des principaux obstacles
au *connubium*. Il est même à remarquer que la première
avait des effets beaucoup plus étendus. La cognation, n
effet ou parenté naturelle empêchait d'une manière irrévocable toute union, lorsqu'elle devait s'accomplir entre
parents à un degré trop rapproché et par conséquent prohibé par la loi. Mais l'agnation une fois dissoute, par
l'émancipation, si l'enfant était adoptif, celui-ci recouvrait le *connubium* avec les membres de la famille dont il
sortait.

Les Instituts de Justinien énumèrent longuement les cas
d'empêchement de mariage pour cause de parenté naturelle ou civile. Nous n'en parlerons pas; nous nous
contenterons d'indiquer seulement quelques-unes des conséquences des unions contractées sans le *connubium* au
point de vue de la puissance paternelle. Ainsi, par exemple, des rapports existaient-ils entre parents à un degré
où la loi prohibe le mariage, les enfants étaient incestueux; on les appelaient *spurii seu vulgo concepti* et ne
tombaient pas sous la puissance paternelle. Les enfants
suivaient toujours la condition de la mère, excepté, pourtant, le cas cité par la loi Mensia : « Le père est pérégrin, la mère citoyenne romaine. » La loi Mensia s'exprime ainsi : *Ex alterutro peregrino natum deterioris
parentis conditionem sequi jubet.* » A part ce cas, l'enfant suit toujours la condition de la mère. « *partus matrem sequitur*.

Section II.

De la légitimation.

Comme je viens de le dire, les enfants nés hors mariage n'étaient point soumis à la lpuissanee paternelle. Pendant longtemps, il n'existait aucun moyen pour remédier à cet état déplorable, et jusqu'à l'empire la condition des enfants naturels ne put être améliorée. Il n'y avait qu'un seul cas, mais qui ne regardait pas la question des enfants naturels, où des enfants affranchis de l'autorité du père y devenaient soumis. Lorsque les droits de cité étaient accordés à une famille toute entière, celle-ci était pour ainsi dire organisée à la romaine, et le père acquérait ainsi la *patria potestas*. Les lois *Ælia Sentia et Junia Norbana*, rendues sous le règne d'Auguste, introduisirent les premières quelques modes de légitimation; mais ces lois avaient rapport aux droits de cité et à la législation des affranchis. Gaïus (1), énumère ces causes de légitimation, 1° *per causam probare*, 2° *per causam erroris probare*. Le citoyen romain épousait par erreur une affranchie latine : le *connubium* n'existant pas, le père n'avait point la puissance paternelle sur ses enfants, il se présentait devant le préteur, expliquait l'erreur dans laquelle il était tombé, et si le magistrat goûtait ses raisons, son union était validée et il acquérait tous les avantages que procuraient les justes noces. Mais comme on le voit, ces lois rè-

_____

(1) Gaïus, Comment., 1, § 63 et suiv.

glementaient des cas particuliers et ne s'adressaient pas
encore à la masse en général. Ce fut sous Constantin que
parurent réellement les premiers modes de légitimation.
Ces modes se développèrent sous les empereurs chrétiens,
et à l'époque des Institutes, nous en voyons deux établis,
1° La légitimation par mariage subséquent, 2° par l'oblation à la curie. Justinien dans ses Novelles en ajouta deux
1° par rescrit du prince, 2° par testament. Le christianisme
ne fut pas sans exercer une très-grande influence sur
l'adoption de ces modes de légitimation. Le concubinat en
effet, tel qu'il était établi, et tel surtout qu'il était prati-
qué, heurtait trop directement les idées chrétiennes sur le
mariage, pour que les empereurs chrétiens dans leurs première ardeur de Néophyte, ne cherchassent à lui susciter
des entraves. « La doctrine de Jésus-Christ, dit en effet
M. Troplong (1), qui confond l'union conjugale avec le
sacrement, n'admet pas de degrés dans la perfection du
lien. Le mariage est un à ses yeux. Tout commerce que
la bénédiction n'a pas légitimé, est une débauche. » La légitimation avait donc pour but de convertir le concubinat
en mariage légal, en donnant aux parents qui renonçaient
à un commerce illégitime pour se marier, la facilité de rendre ainsi la condition de leurs enfants égale à celle de ceux
issus des justes noces. Ce fut en 335 de J.-C., que Constantin
rendit la première constitution, qui permit au père de légitimer par mariage subséquent les enfants qu'il aurait
eus d'une concubine ingénue (2). En 476, Zenon renouvela
et confirma la constitution de son prédécesseur (3). Pour
que la légitimation fut possible, il fallait qu'à l'époque de
la conception de l'enfant, il n'y eût aucun empêchement à
l'accomplissement des justes noces de leurs parents. Par

(1) De l'influence du Christianisme sur le droit civil des Romains.

(2) Cette Constitution ne nous est pas parvenue. La Const. 80 de nat.
libér. nous la fait connaître.

(3) C. 5. C. 5, 27.

une constitution de l'an 442, des empereurs Théodose et Valentinien, il fut permis de légitimer les enfants par oblation à la curie. La curie était un corps municipal chargé de l'administration des affaires locales, elle était héréditaire, et l'on ne pouvait s'y soustraire. Les Décurions percevaient l'impôt et en étaient responsables, leurs biens propres suppléaient à l'insolvabilité des contribuables envers l'Etat, comme à l'insuffisance des revenus communaux. La qualité de Décurion devint ainsi une cause de ruine qui s'attaqua à la classe des gens aisés dont la position devint des plus onéreuses. Aussi n'est-il pas étonnant, que l'on cherchât toute espèce de moyens pour se soustraire à des charges aussi accablantes, l'exemption de la curie était considérée comme un privilége, il fallait pourtant qu'il existât des décurions pour percevoir les finances de l'Etat : nous voyons alors cette longue série de lois qui enferment à perpétuité les décurions comme dans une prison. A côté des charges écrasantes, il existait pour eux quelques dédommagements, l'exemption de certaines peines afflictives et infamantes ; les décurions tombés dans la misère étaient nourris aux dépens du municipe. Ces faibles avantages ne pouvaient compenser les inconvénients si considérables de la position de décurion, aussi la curie se dépeuplait-elle chaque jour malgré des lois très-sévères. Parmi les moyens que les empereurs prirent pour reconstruire ce corps municipal, nous trouvons la légitimation par oblation à la curie. L'enfant qui était admis dans la curie était par ce seul fait légitimé, il acquérait ainsi tous les droits des enfants issus des justes noces, et passait sous la puissance de son père.

Justinien (1), introduisit la légitimation par rescrit impérial. Pour obtenir cette faveur du prince, il fallait ne pas avoir d'enfants légitimes et être dans l'impossibilité,

_____

(1) Nov. 74.

par suite de la mort de l'un ou de l'autre des parents, de légitimer par mariage subséquent.

Quant à la légitimation par testament, nous n'en parlerons pas, celle-ci n'intervenant qu'après la mort du père, ne pouvait par conséquent conférer la puissance paternelle.

Section III.

De l'Adoption.

Le troisième mode d'acquisition de la puissance paternelle était l'adoption. « Nous n'avons pas seulement en notre puissance, dit Gaïus, les enfants qui sont issus de nous, mais encore ceux que nous adoptons. » L'adoption est un acte solennel par l'effet duquel un chef de famille fait entrer sous sa puissance un autre chef de famille ou l'enfant d'une autre famille. Dans le premier cas, cet acte s'appelle adrogation; dans le deuxième, il prend le nom spécial d'adoption (1). Un père de famille ne pouvait disposer de sa position dans la société sans une loi spéciale dont la présentation à l'assemblée des comices s'appelait *Rogatio*.

Il était nécessaire, en effet, que l'adrogation se fît avec solennité; l'adrogé était rayé des registres du cens ou de capitation; il y avait une famille de moins dans la société romaine; il était essentiel que le peuple souverain réuni dans ses comices en connût. Elle ne pouvait s'effec-

(1) L. I, § 1. D. 1, 7.

tuer, dès-lors, qu'à Rome. Gaïus dit en effet (1) : « *Illa adoptio quæ per populum fit nusquam nisi Romæ fit*», Ulpien en dit autant (2). Mais, dès la fin de la République, le peuple ne s'assemblait plus et l'adrogation se faisait alors devant trente licteurs représentant les trente curies de l'ancienne Rome. Plus tard (une constitution de Dioclétien et de Maximien nous l'apprend) (3), l'adrogation ne se fit plus que par rescrit impérial en vertu des pouvoirs du peuple romain que l'empereur avait centralisés dans ses mains.

L'adoption, proprement dite, se faisait par une revendication simulée appelée *cessio in jure*. Le père qui voulait adopter, se présentait avec le chef de famille qui donnait son fils en adoption devant le prêteur à Rome ou le président dans les provinces. Le père adoptif réclamait l'enfant comme étant sous sa puissance. Le père de celui-ci gardant le silence, le magistrat adjugeait l'enfant au père adoptif. Cette revendication se faisait toujours entre deux chefs de famille ; mais avant de procéder à la *cessio in jure*, le père avait dû épuiser par certaines formalités préliminaires la puissance paternelle. Il émancipait avec des paroles solennelles à un acheteur l'enfant en présence de cinq citoyens romains représentant les cinq classes du peuple. Il y avait aussi un porte-balance, parce que l'acheteur devait faire peser les lingots d'airain qu'il donnait comme prix de l'achat. Par ces solennités, le père perdait la puissance paternelle que le père adoptif acquérait par l'*in jure cessio*. C'était donc la *cessio in jure* qui faisait l'adoption. A ces formes imaginaires, on substitua une simple déclaration devant le magistrat qui constatait la volonté des parties. L'adoption rompait tous les

---

(1) Gaïus, Comment. I, § 100.

(2) Ulp. frag., t. VIII, § 2 et 3.

(3) C. 2, in. f., C. 8, 48, C. 6, eod.

liens d'agnation qui unissaient l'adopté avec sa famille
naturelle : il perdait tous ses droits à la succession de
son père et devenait l'héritier sien de son père adoptif
et agnat de ses enfants. Mais il pouvait arriver que l'enfant fût émancipé ou déshérité par son père adoptif, il
se trouvait ainsi privé de ses légitimes espérances. Le fils
en effet n'avait pas le droit de critiquer le testament de
son père ; celui-ci pouvait ne rien lui laisser à sa mort,
il n'avait donc que l'espoir d'une succession *ab intestat.*

Justinien, frappé de ces graves inconvénients, voulut
combler cet abandon de l'enfant adoptif, qui n'était pas
toujours certain de trouver dans sa nouvelle famille des
compensations à l'affection de celle qu'il quittait, en mo-
difiant la législation de l'adoption. Il s'exprime ainsi dans
ses *Institutes :*

« Cum filius familias à patre naturali *extraneœ* personœ
» in adoptionem datur, jura patris naturalis minime dis-
» solvuntur, nec quicquam ad patrem adoptivum transit
» nec in potestate ejus est, licet ab intestato jura succes-
» sionis ei à nobis tributa sint ».

Ce texte nous montre très bien dans quel sens Justinien a modifié les lois qui régissaient l'adoption. L'enfant
qui, autrefois, abandonnait sa famille et devenait étranger aux foyers, aux dieux domestiques, reste toujours
soumis à la puissance de son père naturel ; il n'acquiert
sous l'empire de la nouvelle législation que des droits
éventuels à la succession de l'adoptant. Celui-ci, comme
je viens de le dire, avait la libre disposition de sa fortune,
pas de réserve en faveur de l'enfant ; les droits de celui-ci
étaient entièrement à la merci de son père adoptif. Et
c'est ce qui arrivait. Sous les anciens principes, en effet,
il pouvait se faire que le père mourût pendant que son
fils était encore sous la puissance de son père adoptif. Il
ne venait pas dès-lors à la succession ni par le droit civil,
puisque l'agnation n'existait plus entre eux, ni par le
droit prétorien, puisque le préteur le trouvait encore

avec l'espoir d'une succession ; s'il venait dans la suite à
être émancipé , l'adoption lui faisait éprouver des pertes
consdérables. Justinien voulut que le fils fût toujours certain d'une succession : tels sont les motifs qui l'ont poussé
à modifier le système de l'adoption. Il arrivait quelquefois
qu'un ascendant, un aïeul, par exemple, n'eût pas la puissance paternelle sur son petit-fils, soit qu'il eût émancipé son fils, soit qu'il eût une fille dont le fils était hors
de sa puissance ; s'il voulait l'adopter, le droit ancien n'é-
tait pas changé, Les mêmes motifs n'existaient pas en
effet lorsque l'enfant était donné en adoption à son aïeul
paternel ou maternel. Ainsi, supposons que l'enfant dont
le père est émancipé, a été donné en adoption à son aïeul,
d'après le droit prétorien, s'il est à son tour émancipé
avant la mort de son père naturel, le magistrat lui ac-
cordera des droits à la succession de celui-ci. Si au contraire c'est après la mort de son père qu'il est émancipé,
il viendra prendre la place occupée par celui-ci dans la
succession de son père adoptif. Ainsi, il est toujours sûr
d'avoir droit à une succession.

Tels sont les trois modes d'acquisition de la puissance
paternelle. Après avoir vu de quelle façon elle s'obtenait,
nous allons en voir les effets, 1ᵉ sur les personnes; 2ᵉ sur
les biens.

CHAPITRE II

Effets de la puissance Paternelle

Section I.

Droits sur les personnes.

La puissance paternelle donnait au père de famille la plus grande autorité sur les enfants. Dans les affaires privées, chaque membre se confondait, pour ainsi dire, dans la famille qui ne formait qu'une seule et même personne, un seul être juridique résumé dans le *pater-familias*. Il n'en était pas de même dans les affaires publiques; le fils possédait sa pleine et entière liberté « *filius familias in publicis causis loco patris familias habetur velut si magistratum gerat vel tutor detur* (1) ». Si le fils était consul ou président de province, il pouvait être adopté ou émancipé devant lui-même (2).

(1) Fr. 9. D. 1, 6.
(2) Fr. 5. D. 1, 7.

La puissance du père sur ses enfants était égale, pour ainsi dire, à celle qu'il avait sur les esclaves. Ils étaient moins des personnes que des choses. Romulus dans ses lois voulut faire de la famille une image de la société qu'il fondait. Aussi, déléga-t-il tous les pouvoirs au père sur les choses, les esclaves, les enfants. Le père ne relevait que de lui-même; il pouvait mettre ses enfants en prison, les frapper des coups de fouet, les vendre, les tuer même. « *Endo liberis jus vitæ necis venumdandique potestas ei est* (1). » L'histoire nous fournit de nombreux exemples de l'exercice de ce droit de vie et de mort. Sans parler de Brutus, dont je citais plus haut le barbare patriotisme, ce fut en vertu de leurs droits de famille que Virginius tua sa fille pour la soustraire à l'aveugle passion du Décemvir Appius; que Cassius traduisit devant son tribunal domestique et condamna à mort son fils qui avait embrassé le parti des lois agraires; que le sénateur Fulvius frappa de la même peine son fils coupable à ses yeux de s'être rangé du côté de Catilina et de la cause populaire. Ce droit implacable ne pouvait durer longtemps, surtout depuis l'établissement du régime impérial, et comme dit Tacite (2). « *Ex horrida illa antiquitate ad presentem usum quædam Augustus flexerat.* » La civilisation à cette époque fit des progrès immenses, elle ne put souffrir plus longtemps ce reste de barbarie antique. D'un autre côté, ce droit de vie et de mort s'accordait mal avec la nouvelle forme constitutionnelle de l'État dont le but, d'abord sourdement caché, puis dans la suite ouvertement affiché, était de centraliser tous les pouvoirs entre les mains de l'Empereur. Mais, à quelle époque ce droit a-t-il disparu? Les commentateurs ne sont point du même avis. Les uns la fixent au temps d'Auguste; d'autres au temps de Constantin. Les autres

(1) Lois des XII table.

(2) Tac. Annal., IV, ch. XVI.

sous les règnes de Trajan, Adrien et Antonin (1).
M. Troplong croit qu'elle périt le jour où Erixon, cheva-
lier romain du temps de Sénèque, qui avait fait mourir
son fils dans les châtiments, fut poursuivi dans le forum,
à coups de poinçons, par le peuple indigné (2); « car, dit-il,
lorsqu'un pouvoir est l'objet d'une aussi grande exécration,
c'est qu'il n'a pas le droit de vivre. En vain serait-il écrit
dans une lettre morte, il a abdiqué en réalité. » Sous
l'empereur Trajan la réaction était complète, puisque,
poussé par l'opinion publique, il força un père à émanciper son fils pour l'avoir maltraité trop cruellement. Adrien
suivit cet exemple en exilant dans une île un père qui avait
à la chasse tué son fils, convaincu d'adultère avec sa belle-
mère. Alexandre Sévère réduisit le droit du père à de simples corrections. Dans une constitution (3). Constantin indique la peine qui doit être infligée au père homicide, et
c'est la peine des parricides. Le droit de vente des enfants
était un dérivé du droit de vie et de mort; il devait, par
conséquent, le suivre dans son apogée et dans son déclin.

Dans le vieux droit le père, maître absolu de ses enfants,
pouvait les vendre sans aucune restriction. En usant de ce
droit sur une fille ou sur un descendant au deuxième
degré, il épuisait complètement la puissance paternelle.

Pour un fils, au contraire, lorsqu'il était affranchi par
l'acheteur, il retombait sous la puissance de son père; si
celui-ci le revendait et qu'il fût de nouveau affranchi, le
père reprenait ses droits, ce n'était qu'au troisième affranchissement que l'enfant était *sui juris* (4). On ne se servit
dans la suite de ces moyens que fictivement pour ariver à
l'adoption et à l'émancipation. Ce qui le prouve, c'est la

(1) Sénèque de Clementia. L. I. ch. XIV.

(2) Loi 1, C. IX, 17.

(3) Le jurisconsulte Paul, contemporain d'Alexandre Sévère, écrivait
ceci dans ses sentences : « *Non licet* inquit occidere liberos sed *licebat.* »

(4) Ulp. 10, 1. — Gaius, Comment. I, § 152.

constitution de Dioclétien, dans laquelle il est dit (1) :
« *Liberos a parentibus neque venditionis neque dona-*
tionis titulo, neque pignoris jure aut alio quolibet
modo, nec sub prœtextu ignorantiœ accipientis in alium
transferri posse, manifestissimi juris est. » Ainsi donc
la vente des enfants avait suivi la même décadence que le
droit de vie et de mort. Le jurisconsulte Paul nous apprend
pourtant que le père de famille avait le droit de vendre ses
enfants, dès leur naissance (2). Des traces nombreuses et
authentiques nous permettent de suivre l'exercice de ce
droit inhumain, sous Constantin, sous Théodose-le-
Grand (3). Saint Jérôme nous apprend la triste histoire
d'une mère qui avait vu vendre ses trois fils pour payer
l'impôt au fisc. Ainsi le mal était bien profond, bien enra-
ciné dans les habitudes du peuple, puisque malgré les
Constitutions impériales, malgré surtout l'influence du
christianisme, il s'exerçait communément. La misère était
telle dans l'Empire romain qu'il arrivait très souvent, que
ne pouvant vendre leurs enfants, les parents les exposaient
dans les lieux publics; le jurisconsulte Paul assimile cet
acte-là à un véritable meurtre (4). « *Necare videtur non*
tantum is quid partum perfocat sed is qui abjicit, et
qui alimonia denegat et is qui publicis misericordiœ
causa exponit, quam ipse non habet. » Mais dans le
cas de pauvreté extrême, le père n'encourait pas ces
graves reproches, comme le prouve la législation impériale.

Cet état de choses, si contraire aux sentiments de la
paternité, était un grand sujet de reproches adressés par les
chrétiens aux païens; nous avons encore un éloquent
plaidoyer de Lactance, qui était alors précepteur de Crispus,
fils de Constantin, et dédié à l'Empereur lui-même, dans

(1) C. 1. 0. 4, 43.

(2) Paul Sent., liv., V, t. I.

(3) L. I. C. Th. depatribus qui fit tra. de trar.

(4) L. IV. D. 25, 3.

d'un autre. Il pouvait donc donner un tuteur 1° à tous
ses fils ou filles ; 2° aux petit-fils ou petite-fille, dont le
père ne faisait plus partie de la famille soit à cause d'une
adoption, soit par émancipation, soit par un prédécès. Si
leur père faisait partie de la famille, il ne pouvait pas
exister de tutelle puisqu'il devenait *paterfamilias*. Il en
était de même pour les posthumes, à la condition qu'à leur
naissance il ne dussent pas se trouver sous la puissance im-
médiate du père (1).

3° Il pouvait désigner à ses enfants incapables un héritier. C'est ce qu'on appelait une substitution pupillaire ;
c'était une disposition que l'on fesait pour le cas où les
enfants *sui juris* mouraient impubères sans avoir pu désigner un héritier. L'héritier éventuel du fils était le subs-
titué pupillaire. Ce droit du père de famille de faire un
testament au nom de son fils ou de son petit-fils, introduit
par l'usage, amena un autre genre de substitution. On
permit à un ascendant de faire le testament pour son fils
en démence ; cet acte fut appelé la substition quasi pupillaire ou exemplaire.

Dès l'origine, cette substitution fut l'objet de certaines
concessions du prince ; plus tard, elle fut généralisée (2).

4° Le père devait donner le consentement au mariage
de ses enfants (3).

5° Le père avait le droit de revendiquer ses enfants
d'auprès de celui qui le retenait injustement au moyen de
l'interdit *de liberis exhibendis*. Telle est la puissance
paternelle sur la personne des enfants. Nous l'avons vu à
son origine formidable prononçant des jugements sans
appel. Puis dans la suite singulièrement amoindrie par les
Empereurs. Ils comprirent (les progrès de la civilisation
et surtout leur despotisme les engagèrent dans cette voie)

(1) § 3. J. 1, 13. — L. 1, pr. D. 26, 2.

(2) C. 7. C. 9, 26.

(3) Pr. D. 28, 2.

que placer des enfants des hommes libres dans une condition voisine de l'esclavage, n'était pas un bon moyen pour maintenir dans la famille ces rapports d'affection et d'intimité qui en font tout le charme. Enfin, surtout grâce au christianisme, dernier refuge de la liberté, la famille fut complètement réorganisée et l'enfant put prendre place, pour ainsi dire avec un égal droit, au foyer domestique.

SECTION II

Droits sur les biens.

Le jurisconsulte Gaïus s'exprime ainsi pour définir les droits du père de famille (1). « *Qui in potestate nostra est, nihil suum habere potest.* » Ainsi le fils était complètement à la merci du père. S'il était héritier, il ne pouvait faire adition, *nisi nostro jussu*, dit encore Gaïus, et si d'après l'ordre du père il faisait adition, il acquérait, non pour lui-même, mais pour le chef de la famille. Il en était de même quand il s'agissait d'un legs. Ulpien s'exprime en ces termes (2) : *Acquiritur autem nobis etiam per eas personas quas in potestate manu, mancipiove habemus. Itaque si quid, mancipio puta, acceperint aut traditum eis sit, aut stipulati fuerint ad nos pertinet.*

Non seulement le père pouvait acquérir par son fils la propriété, il pouvait aussi acquérir la possession. La possession, on le sait, se compose de deux éléments bien distincts : le *corpus* et l'*animus*. Le fils pouvait bien posséder

(1) Gaius, Comm. 2, § 87.
(2) Ulp. Reg., 19, § 18.

le premier ; mais quant au second, le père devait l'avoir nécessairement. Ainsi donc celui-ci ne pouvait acquérir la possession à son insu ou malgré lui. Il en était autrement, et nous le verrons plus bas, quand le père avait confié à son fils l'administration d'un pécule. Il avait, en effet, dans ce cas, l'intention de posséder tous les objets qui s'introduiraient dans le pécule, et il n'avait pas besoin d'avoir une connaissance spéciale de chaque prise de possession (1).

Cette possession aidait le maître à arriver à la propriété par l'usucapion. L'infans, l'homme en démence acquéraient aussi, dans ce cas, la possession et pouvaient usucaper (2) « *Igitur ex causa pecularii et infans et furiosus adquirunt possessionem et usucapiunt* ». Dans cette hypothèse de possession inattendue, le père peut donc usucaper ; mais il est bien entendu que le fils doit être de bonne foi (3). Même en dehors de ce cas où le fils acquiert *ex pecularii causa*, il doit avoir conscience de sa possession pour qu'elle puisse être de quelque utilité au père de famille (4). Ainsi, par exemple, un père enverrait en possession son fils qui est en démence, le texte dit : « *Nequaquam videris adprehendisse possessionem.* » Le paragraphe 19 cite un exemple bien remarquable ; si vous ordonnez à votre esclave (il en est de même pour le fils de famille) de posséder pour vous, et que celui-ci entre en possession avec l'intention formelle de posséder pour un autre, vous n'acquérez pas la possession. Il m'est impossible de croire que la volonté d'un esclave ou d'un fils de famille empêche le père de famille d'arriver au but qu'il s'était proposé, et je me range complétement de l'avis

(1) L. I, L. III, VI, XII. D. 41, 2.

(2) L. V, Cod. infin.

(3) L. 9, D. 4, 1, 3.

(4) L. VI, 1, § 9, 10, 19. D. 41, 2.

de M. Demangeat, en ne considérant que la volonté du *tradens*. Peu importe, en effet, que le fils ait telle ou telle volonté en possédant. Il possède, il a le *corpus*, cela suffit, et si l'*animus* réside chez le père de famille, celui-ci pourra très bien usucaper. Puisque l'on admet que ces deux conditions essentielles de toute possession peuvent, dans ce cas, être séparées, il faut bien admettre aussi que l'*animus* du père doit être plus influent que celui du fils.

Ainsi, le fils de famille dépendait entièrement de sa personne et de ses biens du père de famille.

Il arrivait quelquefois que le père donnait à son fils certains biens pour les administrer ou pour faire le commerce ; ces biens constituèrent le pécule.

§ 1er

Du pécule profectice.

On appelait pécule, dans l'ancien Droit romain, une certaine somme d'argent, certains objets que le père de famille donnait à administrer à son fils ou à son esclave (1). On l'appela *Profectice* (*quod a patre proficiscitur*), pour le distinguer d'autres pécules qui s'introduisirent dans la suite et parce que les biens dont ils étaient composés venaient de la munificence du père de famille ; les seules personnes *alieni juris* pouvaient posséder un pécule « *Pater-familias liber, peculium non potest ha-*

(1) L. VI. D. 15, 1.

bere, quemadmodum nec servus bona. » Dès-lors les
fils de famille, les esclaves peuvent seuls avoir un pécule
dont l'existence ne dépend que de la volonté du maître.
Tout père de famille ne pouvait pas constituer un pécule, et cela se conçoit très bien. Il y avait certains risques à courir, donner sa confiance à un esclave, par
exemple ; dès-lors il était de toute prudence de défendre à
l'impubère, même avec l'assentiment de son tuteur, de
donner l'administration de ses biens à une personne qu'il
était incapable de juger et d'apprécier (1). Mais si nous
supposons que le maître qui a concédé le pécule est mort
laissant pour héritier un impubère, le pécule ne sera pas
pour cela enlevé à l'esclave (2). Le maître ou le père de
famille pouvait concéder la libre administration du pécule;
dans ce cas, il permettait en général ce qu'il aurait dû
permettre par mention expresse, *qui peculii administra-
tionem concedit videtur permittere generaliter quod
et specialiter permissurus est* (3). Le pécule dont nous
parlons (4) se compose, non pas de ce que l'esclave ou le
fils de famille possède sans en devoir compte à son maître,
mais de la chose que son maître a séparée pour qu'elle fût
possédée par lui. Le maître, en effet, est souverain absolu du pécule; il l'augmente, le diminue, le supprime
selon son bon plaisir, et il ne le constitue véritablement
que lorsqu'il l'a livré, séparé de son propre patrimoine.
Le jurisconsulte Paul nous dit, en effet : « *Non statim
quod dominus voluit ex re sua peculii esse peculium
facit, sed si tradidit aut cum apud eum esset, pro
tradito habuit desiderat enim, res naturalem dationem:*

(1) 3 § 3, L. VI, D. 15, 1.

(2) L. VII, § 1, cod.

(3) L. XLVI, D. 15, 1.

(4) L. IV, D. cod.

*contra autem simulatque noluit peculium servi desi-
nit peculium esse* (1). »

Le pécule une fois détaché et constitué, le maître n'a
pas besoin de connaître partiellement chacun des objets
dont s'augmente le pécule (2), à la seule condition, toutefois,
que si le maître en avait eu connaissance, il eût permis
à l'esclave de les posséder (3). Toute espèce de biens, meubles, immeubles, jusques aux épargnes de l'esclave, peuvent faire partie du pécule (4). Le fils ou l'esclave étaient
de simples administrateurs avec droit d'usage. Quelquefois
le père leur concédait la libre administration : ses pouvoirs
étaient alors plus étendus et étaient presque ceux d'un
véritable propriétaire; pourtant, ils ne pouvaient pas hypothéquer le pécule pour la dette d'autrui (5) ils ne pouvaient
en faire l'objet d'une donation, car, dit le jurisconsulte (6),
« *Non enim et conceditur libera peculii administratio
ut perdat* » A moins, que l'on eût ajouté à la libre administration la permission (7) de donner. Dans le cas où
ce droit a été concédé, il ne faut pas conclure, dit encore le jurisconsulte, que le fils puisse faire une donation
à cause de mort, s'il n'y a eu une mention spéciale (8).

Pour que le fils de famille ne fut point entravé dans l'administration du pécule, il fallait nécessairement que les
tiers fussent protégés dans les affaires qu'ils pouvaient
traiter avec lui, aussi le préteur leur accordait-il contre
le maître une action *de peculio* et *de in rem verso.*

(1) L. VIII. D. cod.

(2) L. VII, D. cod.

(3) L. XLIX, D. cod.

(4) L. VII, § 4, D. cod.

(5) 1 D. 20, 3.

(6) 7 D. 59, 5.

(7) F. 7, § 2 cod.

(8) L. III, § 5 cod.

C'étaient des actions par lesquelles le maître ou le père de famille, quoique l'esclave ou le fils aient traité à son insu, était tenu jusques à concurrence du profit, si l'opération avait réussi, ou jusques à concurrence du pécule en cas d'insuccès. Ainsi d'après le texte le juge devant qui l'action était portée, examinait si l'opération de l'esclave avait profité au maître, et il ne passait à l'estimation du pécule que lorsque l'opération n'avait pas réussi.

Par l'action de *in rem verso* le père était tenu de tous les avantages qu'il avait retirés du contrat du fils, encore que le pécule ne fut pas suffisant. Les deux actions *de peculio* et *de in rem verso*, d'après Gaius étaient unies par une même formule, seulement *l'intentio* indiquait l'opération du fils de famille et la *condemnatio* était double, c'est à dire que le juge pouvait condamner le père jusques à concurrence du profit de l'opération, ou jusques à concurrence du pécule seulement. Le juris consulte Ulpien nous présente plusieurs hypothèses (1). Le fils de famille a-t-il acheté pour le père de famille et sur son ordre, le créancier a l'action *quod jussu*, si au contraire le père en a eu seulement connaissance ou si la chose lui était nécessaire ou utile, il était tenu de *l'actio de in rem verso*. Dans le cas où aucune de ces hypothèses ne se présentait il y avait lieu seulement à l'action de *peculio*.

Ainsi, comme nous venons de le voir, l'institution du pécule profectice ne procurait pas de grands avantages au fils de famille et n'améliorait pas sensiblement sa position. Le père de famille qui n'en avait pas abdiqué la propriété, même en concédant la *libera administratio* était toujours le maître souverain de son fils. Cette puissance devait recevoir une première atteinte dont elle ne pouvait plus se relever par l'institution du pécule castrense qui rendait quant à certains biens, le fils totalement indépendant vis-à-vis de son père.

_____

(1) L. V, § 2, D. 15, 3.

§ 2.

Du pécule Castrense

Le droit nouveau permit au fils d'avoir des biens en toute propriété, ce fut une révolution complète qui s'opéra sur la puissance paternelle, le père, chef de famille devait perdre chaque jour son antique puissance. A partir de l'introduction du pécule castrense, le pouvoir paternel devait succomber, il était miné dans sa base. Comment en effet maintenir le fils dans le quasi-esclavage des premiers jours, quant à sa personne, et vis-à-vis de certains biens, le rendre libre comme un vrai père de famille ? Cet antagonisme ne pouvait durer longtemps. C'est à la politique impériale que nous devons le pécule castrense, et ce rapprochement n'est pas sans quelque intérêt ; n'est-ce pas étrange en effet, de voir le despotisme des empereurs donner naissance à la liberté de la famille ? Il devait pourtant en être ainsi, car leur despotisme avait besoin de se faire un appui. C'était en effet un excellent moyen de popularité, mais nous voyons les résultats dépasser leur attente. Grâce à la prodigalité des empereurs, les soldats étaient devenus riches, et leur avidité s'en était accrue d'autant; aussi peut on voir quelles tristes conséquences produisit l'institution du pécule castrense, poussant la cupidité des soldats jusques à l'excès, excitant leur audace jusques à mettre l'empire aux enchères et couronner empereur le plus offrant. C'est le sort d'un grand nombre d'institutions nouvelles de produire de grand abus dès leur origine, et de donner dans la suite de grands avantages lorsque les peuples se sont accoutumés au nouvel état des choses: il en fut ainsi pour le pécule castrense. A côté du sombre tableau d'une soldatesque effrenée, avide de pillage, faisant et défaisant les empereurs, pour avoir plus souvent *le don de joyeux avènement*, nous voyons le bien qu'il produisit, la puissance souveraine du père amoindrie, le fils de famille pour ainsi dire réhabilité, et grâce au progrès du temps et surtout à l'établissement du christianisme, source de tant d'adoucissement et de progrès libéraux, de nouveaux liens former de nouveaux rapports dans la famille.

Jules César fut le premier qui introduisit le pécule castrense, il ne fut à cette époque que temporaire. Mais sous Auguste, Néron, Titus, Domitien, Trajan, il fut établi que ce que les fils de famille auraient acquis à l'armée formerait un pécule particulier appelé castrense à cause de son origine, et lui appartiendrait en pleine propriété.

De quels objets est composé le pécule castrense?

Comme je viens de le dire, le pécule castrense est composé de ce que les parents ont donné aux fils de famille à l'occasion de son départ pour l'armée, de tout ce que le fils de famille a acquis lui-même comme militaire, et qu'il n'aurait pas acquis s'il n'avait pas servi (1). Ainsi ne fait pas partie du pécule castrense, les biens que le père donne à son fils de retour dans ses foyers, ils font partie du pécule profectice (2); l'héritage d'un compagnon d'armes ou de toute autre personne qu'il a connu par rapport au service militaire, tombe dans le pécule castrense du fils de famille (3). Le jurisconsulte Scœvola, dit Triphonius, n'avait pas une opinion bien arrêtée (4) sur cette question. Un fils de famille militaire était institué héritier par un agnat, son compagnon d'armes: les biens qui composaient la succession, tombaient-ils dans le pécule castrense? N'étaient-ce pas les liens de la parenté, plutôt que la vie commune des camps qui avaient pesé sur ce choix? Si l'on se décidait pour la première

---

(1) L. 11, D. 49, 17, L. III, eod.

(2) L. XV, eod.

(3) L. V, eod.

(4) L. XIX, eod.

hypothèse, les biens ne fesaient pas partie du pécule castrense, Thriphoninus résout cette question en ces termes : « *si ante commilitium factum sit testamentum non esse peculii castrensis eam hereditatem, si postea contra.* » Entre aussi dans le pécule castrense, l'hérédité déférée à l'esclave de ce pécule, et que celui-ci a acceptée sur l'ordre du maître (1). La clause d'une donation ou d'un testament ainsi conçue : je donne ou lègue tel bien à Titius, à condition qu'il fera partie de son pécule castrense, est-elle valable? Cet héritage en fera-t-il partie, si du moins le donateur ou le testateur ne sont pas connus du fils, par rapport à son état militaire? Ulpien se prononce pour la négative (2). « *Veritatem, inquit, spectamus an vero castrensis notitia vel affectio fuit, non quod quis finxit.*

La loi 6, au même titre, prend cette hypothèse : la femme du fils militaire lui a donné un esclave pour l'affranchir (dans ce cas, la donation est permise entre époux, elle ne le serait pas si l'esclave ne pouvait pas être affranchi), a-t-il pu l'être valablement par lui? car cet esclave n'entrait pas dans son pécule castrense. Peut-il, à juste titre, réclamer sur cet affranchi les droits de patronage? Il ne le peut certainement pas. Si, au contraire, cet esclave lui a été donné dans le but qu'il pût lui être utile, si par exemple, comme dit Pothier, il était médecin, si une fois affranchi, il devait faire partie de l'armée et rendre ainsi dans les limites de ses moyens des services à la patrie, le jurisconsulte déclare avec raison que l'affranchi devient le client du fils de famille (3).

Tels sont les principaux textes que nous avons trouvés dans le livre 49, titre 17 de *castrensi peculio*, parlant des biens dont est composé le pécule castrense. Nous allons

(1) L. XIX, § 1, eod.

(2) L. VIII, eod.

(3) L. VI, eod.

examiner maintenant quels sont les pouvoirs du fils sur ce pécule.

Le fils de famille vis à vis du pécule castrense, est considéré comme *sui juris*, il peut donner, vendre, léguer sans se préoccuper de la puissance paternelle. Il a sur ses biens les droits d'action de revendication (1). Est-il héritier d'un de ses compagnons d'armes, il peut faire addition sans le consentement de son père (2). Si les droits du fils sont si entiers quant au pécule castrense, ils sont complètement exclusifs de toute prétention de la part du père, « .... *constat, nec patribus aliquid ex castrensibus bonis filiorum deberi,* » dit le jurisconsulte (3). Et Papinien confirme cette opinion (4), en disant que le père qui donne son fils en adoption, ou qu'il émancipe, ne peut pas lui prendre le pécule qu'il a acquis au service, *puisqu'il n'a pas ce droit même en le conservant dans sa famille.*

Nous voyons ainsi la personnalité du fils s'affirmer, grâce au pécule castrense ; le fils de famille est presque sorti de cette tutelle, si terrible du père de famille : autrefois, toute stipulation lui était interdite avec son père, maintenant, qu'il a un patrimoine distinct, il pourra stipuler, avec lui ; seulement bien entendu quant à son pécule, sur toute autre chose la stipulation serait nulle. Les deux patrimoines étant complètement séparés, les créanciers du père n'ont aucune action sur le pécule du fils, et celui-ci est à l'abri de toute tracasserie de leur part. A la mort du père de famille, le fils n'en était point dépossédé comme du pécule profectice qui n'avait jamais cessé de faire partie du patrimoine paternel. « *Miles præcipua habere*

(1) L. II, eod.

(2) L. V, eod.

(3) L. X, cod.

(4) L. XII, eod.

debet quæ tulit secum in castra, concedente patre (1). De
son côté aussi, le père ne pouvait jamais être inquiété à l'occasion de ce pécule castrense, et les créanciers ne pouvaient
jamais agir contre lui par l'action *de peculio* (2). Si le
père de famille, continue la loi 18, veut soutenir son fils, il
le peut, mais comme tout défenseur en se portant solidai-
rement caution et non pas seulement jusques à concurrence du pécule.

A la mort du fils de famille, le père recueille la succession non comme une hérédité ordinaire, mais à titre de
pécule, les biens sont considérés comme n'étant jamais
sortis du patrimoine de la famille. Si, au contraire, c'est en
qualité d'héritier testamentaire que le père les recueille,
il est considéré comme héririer ordinaire (3). Dans le premier cas, il doit d'après les lois prétoriennes payer les dettes de son fils dans l'an utile et jusques à concurrence du
pécule. Mais si, au contraire, il est nommé héritier testamentaire, et qu'il accepte, il est perpétuellement tenu des
dettes conformément aux dispositions du droit civil (4).

Justinien relégua depuis, au troisième rang, le père de
famille, quand il s'agissait de la succession *ab intestat* du
pécule castrense; il en fut de même, nous le verrons plus
tard, pour le pécule adventice.

Ce sujet prêtait à un bien plus grand développement,
mais j'ai dû me restreindre considérablement; le cadre de
mon travail m'assignant encore de nombreux sujets à
traiter.

(1) L. IV, pr. eod.

(2) L. XVIII, § 3, eod.

(3) L. II, eod.

(4) L. XVII, eod.

§ 3.

Du pécule quasi castrense.

A l'imitation du pécule castrense les Empereurs introduisirent un nouveau pécule qu'ils lui assimilèrent complètement. Ce fut une Constitution de Constantin, en 321, qui la première indiqua les personnes devant jouir de cette faveur. Ce furent les fils de famille qui avaient une charge dans les palais du prince (1).

Les successeurs de Constantin ne laissèrent point cette innovation stationnaire, ils trouvèrent cette idée ingénieuse : elle leur permettait, en effet, de récompenser tous les dévouements, de satisfaire l'ambition de tous les gens qui avaient accès à certaines positions influentes, et de faire ainsi de la popularité à peu de frais. Aussi, s'empressèrent-ils d'élargir par de nombreuses Constitutions, les limites d'abord étroites du pécule quasi castrense. En 422, Honorius et Théodose accordèrent ce prévilége aux assesseurs (2). En 424, les mêmes empereurs admirent les avocats parmi les privilégiés (3). Puis, ce furent les officiers attachés au préfet du prétoire, les évèques, diacres, ecclésiastiques, enfin, tous les fonctionnaires publics.

De plus, comme je l'ai dit plus haut, pour le pécule castrense, Justinien voulut que le pécule quasi castrense des fils morts *ab intestat*, ne profitât plus au père de famille, en vertu de la puissance paternelle; le père devenait un simple héritier qui faisait valoir ses droits quand la loi l'appelait.

(1) C. 1. C. 12, 31.

(2) C. 4. C. 1, 81.

(3) C. 4. C. 2, 8.

§ 4.

Du pécule adventice.

Ainsi que nous venons de le voir, l'introduction dans la législation romaine d'un patrimoine particulier du fils de famille était une innovation très grave, un véritable bouleversement des lois antiques sur la famille. La cause des enfants faisait chaque jour des pas vers l'affranchissement. Chaque jour, le despotisme du père était anéanti par les Constitutions des empereurs. Le progrès ne s'arrêta pas là, Constantin attribua aux fils en puissance la propriété des biens laissés par leur mère; jusqu'ici, c'était le père qui l'avait eue, ce prince l'en dépouilla et en fit un nouveau pécule que l'on appela adventice. Le père n'en conserva que l'administration et la jouissance pendant sa vie. Les parents, dit en effet Constantin (1), qui ont pouvoir d'user et de jouir des biens maternels, doivent revendiquer tous les droits de leurs fils, etc., etc., agir comme s'ils avaient un véritable *dominium*. Mais, si le père venait à se remarier, il ne conservait l'usufruit que pendant la minorité de son fils (2). Justinien (3) confirma la première constitution de Constantin, et il ajoute : « *Sic et enim et parenti* » *nihil derogabitur usumfructum rerum possidenti,* » *et filii non lugebunt, quæ ex suis laboribus sibi pos-* » *sessa sunt ad alios transferenda adspicientes, vel ad* » *extraneos vel ad fratres suos, quod etiam multis gra-* *vius esse videtur.* » Constantin n'avait touché qu'aux biens maternels et les successions des aïeuls tombaient tou-

---

(1) C. 1. C. 6, 60.

(2) L. II. C. Théod. de maternis bonis.

(3) C. 6. C. 6, 61.

jours par l'effet de l'ancien droit dans les mains du père; les empereurs Gratien et Valéntinien les assimillèrent aux biens de la mère (1), et les Constitutions d'Honorius et d'Arcadius confirmèrent cette extension du droit du fils de famille.

Voilà donc le pécule adventice constitué, nous pouvons le définir ainsi : Le pécule adventice consiste dans toute acquisition, que le fils de famille a fait de toute autre source que du patrimoine de son père et qui ne fait partie ni du pécule castrense ni du pécule quasi castrense.

Nous allons étudier certaines Constitutions qui nous feront connaître les droits respectifs du père usufruitier et du fils nu-propriétaire. Le père est dispensé de donner caution de la jouissance et de rendre compte (2). Il peut prendre les fruits et en disposer comme il l'entend, mais il ne peut sans le consentement de ses enfants, aliéner tout ou partie du pécule, si ce n'est pour payer des dettes ou des legs ou lorsque les choses ne peuvent point être conservées (3). Si le père de famille ne peut aliéner, il ne peut dès-lors hypothèquer le pécule adventice. Les empereurs n'ont pas en vain protégé le fils de famille, ils ont voulu que tant que durerait la puissance paternelle, la prescription qui pouvait courir contre eux, fut interrompue (4). Les fils de famille de leur côté, tant que dure l'usufruit du père, ne peuvent pas faire de disposition touchant le pécule, ils ne peuvent non plus sans la volonté de ceux dont ils dépendent, vendre, hypothéquer, ni donner en gage (5).

La loi 8, C. 6, 61, parle de plusieurs cas où le père et

(1) L. VI. C. Théod. cod.

(2) C. 6 § 2, 8, § 4, in fine. C. 6, 61.

(3) C. 1, 2. C. 6, 60.

(4) C. 1, 2. C. 7, 40.

(5) C. 8, § 5. C. 6, 61.

le fils ne sont pas d'accord pour accepter une hérédité qui tombe dans le pécule *adventice*. Le fils, malgré le refus du père, fait adition d'hérédité. Le père n'aura pas l'usufruit, l'hérédité toute entière appartiendra au fils à ses risques et périls, et aucune action ne sera donnée contre le père, dès le moment que le fils aura accepté une hérédité, un legs, un fideicommis, malgré lui. Si le fils ne veut point accepter, le père peut se mettre son lieu et place. Lorsque le père de famille ne veut ou ne peut pas régir les biens de son fils, celui-ci peut aller devant le magistrat et réclamer de lui un curateur à l'hérédité. Les exemples que je viens de citer appartiennent tous au pécule *adventice* irrégulier ou extraordinaire. Ce pécule est donc composé de tous les biens du fils dont le père n'a pas l'usufruit. J'ai cité le cas d'une hérédité acceptée par le fils malgré le père, comme rentrant dans ce pécule. Il en est de même d'une donation faite au fils sous la condition expresse que le père n'en aura pas la jouissance, de la part d'une succession, *ab intestat* que le fils aurait divisée avec son père (1).

Les pouvoirs du fils sur ce pécule sont beaucoup plus étendus que sur le premier. Il peut faire des actes d'aliénation à titre gratuit ou à titre onéreux. Mais il est tenu de demander par une sorte d'acte respectueux l'agrément du père pour intenter une action « *ne sine patris voluntate judicium videatur consistere* (2) ».

Si le fils peut aliéner à titre gratuit ou onéreux, peut-il disposer de son pécule par testament? Cette question a soulevé de nombreuses controverses : les partisans de l'affirmative ont tiré un argument *a contrario* du § 5 de la loi 8, C 6, 61. Le législateur dans cette constitution se préoccupe des droits du fils de famille sur le pécule dont le père a l'usufruit, et il ne permet au fils dont le père est

(1) Nov. 118, ch. II.

(2) C. 8, pr, C. 6. 61.

vivant, ni de tester, ni de vendre malgré sa volonté, etc. Dès-lors, a-t-on dit, si le fils ne peut pas tester, vendre, hypothéquer le pécule dont le père a l'usufruit *a contrario*, pourra-t-il accomplir ces actes lorsqu'il sera seul et unique propriétaire comme dans le pécule irrégulier ? Justinien, par une nouvelle Constitution (1), enleva tous les doutes ; il s'exprime ainsi ;

« *Nemo ex lege quam nuper promulgavimus in rebus quæ parentibus acquiri non possunt existimet aliquid esse innovandum, aut permissum esse filiisfamilias cujuscumque gradus vel servus testamenta facere sine patris consensu bona voluntate nullo hoc et enim modo permittimus.* »

(1) C. H. C. 6, 22.

CHAPTRE III

Dissolution de la puissance Paternelle

Nous avons vu ce qu'était la puissance paternelle dans ses origines ; comment elle s'acquérait, quels étaient les droits du père de famille sur la personne et les biens de ses enfants ; nous allons étudier maintenant les diver modes de dissolution de cette puissance.

Il y a six causes d'extinction de la puissance paternelle : 1° La mort de celui à qui elle appartient ou qui s'y trouve soumis ; 2° la perte des droits de cité ; 3° la perte de la liberté ; 4° l'obtention de certaines fonctions religieuses ; 5° l'émancipation ; 6° l'adoption dans l'ancien droit. Nous avons vu depuis que Justinien avait modifié les règles de l'adoption en laissant l'adopté dans sa famille naturelle quand l'adoptant n'était pas un ascendant.

1° La puissance paternelle se dissout par la mort.

La mort du fils de famille ne dissolvait pas, pour ainsi dire, la puissance paternelle, elle en empêchait l'exercice.

La mort du chef de famille, au contraire, avait pour effet de la détruire complétement : le fils de famille devenait *sui juris* et à son tour père de famille investi de la pleine puissance. Toutefois, tous les enfans ne devenaient pas *sui juris* par la mort du père de famille ; ne le devenaient, seulement, que ceux qui se trouvaient immédiatement placés sous la puissance du père. Les fils, les filles en étaient affranchis, de même les enfants d'un fils prédécédé, quoiqu'ils fussent au second degré. Mais les petits-fils ne devenaient pas *sui juris*, ils retombaient sous la puissance de leur père, à moins que, et alors l'hypothèse précédente se présentait, celui-ci ne fît plus partie de la famille à cause d'une adoption ou d'une émancipation. Ainsi, à la mort du père, la famille se décompose et se fractionne en autant de petites familles qu'il y avait d'enfants placés immédiatement sous la puissance de l'ancien chef. Mais quoique chaque famille eût un chef particulier et qu'elle formât de nouveaux rapports de succession *ab intestat*, tous les membres demeuraient unis entre eux par les liens de l'agnation;

2° La perte des droits civils dissout la puissance paternelle.

La puissance paternelle, avons-nous dit plus haut, était toute de droit civil; elle était l'apanage des seuls citoyens romains; dès-lors, la perte des droits de cité assimilant celui qui les possédait à un étranger, avait pour effet de rompre tous les liens d'agnation qui l'unissaient à sa famille. Un père ou un fils de famille qui perd les droits de cité, est réputé mort à la vie civile (1). Gaius s'exprime ainsi (2) : « Lorsqu'un citoyen romain est puni de la » peine d'interdiction du feu et de l'eau, il perd ses droits » de cité; n'étant plus citoyen romain, il perd toute » puissance sur ses enfants comme s'il était mort, *proinde ac mortuo.* » Il en était de même pour les fils de famille, n'étant plus citoyens romains, devenus complétement étrangers, ils ne pouvaient pas faire partie d'une famille romaine. La peine d'interdiction de l'eau et du feu était principalement appliquée aux grands criminels. Les

(1) F. I, § 8. D. 37, 4.

(2) Gaius, Com., t. 1, § 128.

diverses factions qui déchirèrent les derniers jours de la République, en firent même un instrument de vengeance politique. Marius et Cicéron furent punis de cette peine, et expièrent ainsi tout le bien qu'ils avaient fait à leur ingrate patrie. La déportation remplaça dans la suite la peine de l'interdiction de l'eau et du feu (1). Ce fut sous Auguste que ce changement se produisit pour la première fois. Parmi les plus beaux attributs de la puissance impériale, il n'y en avait pas un, certainement qui dépassât le droit de faire grâce, et quand le prince remettait au coupable la peine de la déportation, celui-ci avait les portes de la patrie ouvertes devant lui (2). Cet acte de clémence était appelé *Restitutio*. Mais le citoyen ainsi rendu à sa patrie, à la vie civile, ne recouvrait pas tous les droits qu'il avait perdus, et il fallait pour cela une concession expresse de l'empereur, par exemple, pour recouvrer la puissance paternelle (3). Nous avons la formule d'une réintégration solennelle accordée par l'empereur Antonin à Julianus Licinianus (4) « *Restituo te in integrum provinciæ tuæ : ut autem scias, quid sit in integrum restituere, honoribus et ordini tuo et omnibus cæteris te restituo.* »

Ainsi donc si la *restitutio* était *in integrum*, le gracié reprenait la puissance paternelle s'il était *sui juris*, ou rentrait sous cette puissance si le chef de sa famille vivait encore (5).

(1) L. II, § 1. D. 48, 19.

(2) Inst. J. 1. XII, Tit. I.

(3) C. 4, 6, 9. C. 9, 51.

(4) C. 1, infin. eod.

(5) Je ne veux pas signaler ici les grandes différences de la mort civile à Rome et sous l'empire de notre Code civil. A Rome le mort civil devenait pérégrin, il était régi par le droit des gens. Son union n'était pas rompue, elle ne faisait que changer de nom et de caractère. On sait que sous notre Code il en était tout autrement.

Il existait une autre peine moins grave que la déportation qui avait avec elle de très grands points de ressemblance dans l'application, mais qui s'en écartait beaucoup dans ses conséquences, je veux parler de la rélégation (1). La rélégation était un exil qui ne faisait perdre aucun des droits de cité, les rélégués conservaient la puissance paternelle ou y demeuraient soumis, la possion de leurs biens et la faction de testament. A la différence de la déportation, la rélégation pouvait être infligée *ad tempus* (2). Le poëte Ovide, exilé dans la Thrace exhalait ainsi ses plaintes :

> Quippe relegatus........ dicor in illo
> Nil nisi me patriis jussit abesse focis
>
> . . . .
> Nec mihi jus civis nec mihi nomen abest (3).

Dans ces vers, le poëte nous indique que, malgré sa rélégation, ses droits civils, son nom lui sont restés, qu'il ne lui manque que les foyers de la patrie.

Le troisième mode d'extinction de la puissance paterternelle, était la perte de la liberté. Un père qui devenait esclave de la peine, dit Justinien (4) perdait la puissance paternelle. On appelait esclaves de la peine les malheureux condamnés aux bêtes ou au travail des mines ; ils n'avaient pas de maître, pas même l'Etat... *Non Cæsaris servi... sed pænæ* (5). *Pæna servus est non Cæsaris* (6). Il est évident que celui qui devenait esclave de la peine, était déchu de tous les avantages attachés à la qualité

(1) Just., l. I. T. 12, § 22.

(2) L. VII, § 2 et 3. D. 48, 22.

(3) Inst. Ducaurroy, page 157.

(4) Inst., § 3, l. I, XII.

(5) L. XVII, pr. D. 48, 19.

(6) L. III, D. 34, 8.

de citoyen romain. Sous Justinien ces condamnations ces-
sèrent de produire l'esclavage], excepté la condamnation
aux bêtes (1).

Un citoyen romain pouvait devenir esclave de plusieurs
manières ; 1° par droit des gens ; 2° *ex captivitate* ; 3° en
vertu du droit civil.

Lorsque par exemple, l'esclavage était infligé comme pu-
nition, nous citerons le cas où l'on s'est soustrait à l'in-
cription du cens, du voleur manifeste, du débiteur insolvable, mais depuis longtemps la peine de l'esclavage n'était
plus infligée aux malheureux coupables de ces faits. Le
commerce d'une femme libre avec un esclave était puni de
cette peine. Justinien l'abolit. L'ingratitude envers le patron et la fraude de celui qui se faisait vendre pour parta-
ger le prix avec le vendeur, sont les deux seules causes
d'esclavage qui restèrent.

La captivité *apud hostes* entraînant la perte de la liberté et l'esclavage, faisait déchoir de la puissance paternelle. Mais il fallait distinguer le cas où le citoyen mourait et celui où il revenait dans sa patrie sans convention
de retour. Dans le premier, le père de famille avait perdu
dès le commencement de sa captivité tous ses droits (2).
Dans le second, au contraire, en vertu d'une fiction appelée *jus postliminii,* le captif qui franchissait le seuil de sa
demeure, était considéré comme ayant dormi pendant son
absence, et reprenait ses droits de citoyen romain comme
s'il ne les avait jamais perdu ; peu importait que le prisonnier revint par ruse, par force, ou par rachat, dès le moment qu'il avait mis le pied sur le territoire de la république ou d'un peuple allié, il redevenait citoyen (3). Lorsque
le père de famille était en captivité chez des ennemis, la

---

(1) Novel, 22, ch. VIII.
(2) L. XIX, § 3. D. 49, 15. — L. XXVI, eod.
(3) L. XVIII. D. 49, 15.

position des enfants qui étaient soumis à sa puissance demeurait en suspens. Si le père revenait à Rome en vertu du *jus postliminii*, ils étaient toujours resté *alieni juris*, dans le cas contraire, la qualité de *sui juris* datait du premier moment de la captivité de leur père. Les enfants qui voulaient se marier, pouvaient-ils se passer du consentement de leur père qui était dans l'impossibilé de le leur donner? Tous les jurisconsultes étant unanimes sur cette question, Ulpien s'exprime ainsi (1) : « *Is cujus pater ab hostibus captus est, si non intra triennum revertatur uxorem ducere potest.* » ainsi si le père de famille est absent depuis plus de trois ans, les enfants de l'un ou de l'autre sexe, peuvent contracter mariage, pourvu que le fils ou la fille se marient dans de telles conditions que le père n'eût pas manqué d'approuver cette union : « *dum modo eam filius ducat uxorem vel filia tali nubat, cujus conditionem, certum sit patrem non repudiaturum* (2). Ainsi donc le père prisonnier *apud hostes*, était esclave, mais dans sa patrie son état était comme en suspens : « *omnia jura civitalis, in personam ejus in suspenso retinentur, non abrumpuntur* (3). Il ne pouvait exercer ni la puissance dominicale, ni la puissance paternelle; les acquisitions faites par les enfants ou les esclaves n'étaient pas définitivement réglées (4). Il pouvait être constitué héritier, mais on était incertain de savoir s'il recueillerait l'héritage. L'exercice de ses droits était de même en suspens, il ne pouvait ni contracter de justes noces, ni adopter, ni stipuler, ni faire un testament (5), *l'usucapion* était interrompu (6) Si la femme était en captivité chez

(1) L. IX, § 1, D. 25, 2.

(2) L. II, eod. 12, § 5, 49, 5.

(3) 28 D. 52, § 1.

(4) 22 § 2, 25, D. 49, 15.

(5) Inst. 2, 12, 5.

(6) L. XII, 11, § 2, D. 49, 15.

les ennemis, la position des enfants était tout au moins singulière, légitimes ou enfants naturels, leur état dépendait de l'issue de la captivité. Revenaient-ils avec leur père et leur mère dans la patrie, en vertu du *jus postliminii* l'union redevenait légitime ; ils le devenaient par conséquent à leur tour ; revenaient-ils seulement avec leur mère, ils étaient bâtards comme étant nés sans le mari (1). La loi 23 au même titre du livre 47, suppose que le mari fait prisonnier laisse sa femme enceinte, et que le fils qui lui est né peu de temps après s'étant marié, a un fils et une fille, dans le cas de retour, dit le jurisconsulte, « *omnia iura nepotis nomine perinde capiet, ac si filius natus in civitate fuisset* (2).

4° L'élévation à certaines dignités exemptait de la puissance paternelle. Dans l'ancien droit, les Flamines, prêtres de Jupiter et les vestales en étaient relevés, « *qui flaminium Diale adipiscebatur, Jure patrio exibat* (3), dit Tacite. Aulus Gelles fesait la même remarque pour les vestales, « *virgo vestalis simul atque capta in atrium vestæ deducta, pontificibus que tradita est eo statim tempore sine emancipatione, ac sine capitis minutione patria potestate exibat* (4). »

Justinien rendit *sui juris* les personnes investies de la dignité de patrice, « *ne videantur quia nobis loco patris honorantur, alieno esse juri subjecti ;* » qui souffrirait ajoute l'empereur, qu'un père de famille pût au moyen de l'émancipation délivrer son fils de sa puissance, et que le prince ne pût affranchir d'une puissance étrangère, celui

---

(1) L. XXV, D. 49, 13.

(2) 23 cod.

(3) Tacite IV, annale anno. 776.

(4) Gellius, I, ch. XII. — Ulp. Reg, tit. XV.

qu'il appelle son père (1). Plus tard, les consuls, évêques, présidents de province le devinrent aussi (2).

5° La puissance paternelle se dissout encore par la simple volonté du père. 1° Lorsqu'il émancipe son fils, 2° lorsqu'il le donne en adoption.

L'émancipation est l'acte solennel par lequel les enfants sont libérés de la puissance paternelle et deviennent *sui juris* (3).

Pour que cet acte soit valable, plusieurs conditions sont exigées, 1° le père doit y consentir, en général il ne ne peut y être forcé (4), excepté dans le cas de mauvais traitements. Papinien cite l'exemple de l'empereur Trajan, qui força un père de famille à émanciper son fils pour le dérober aux mauvais traitement dont il était victime (5). Le père qui a accepté un legs à la condition d'émanciper son fils, doit exécuter cette condition (6). La loi 37 D, 17, propose encore comme exception, le cas ou un impubère adrogé devenu pubère demande son émancipation, en faisant valoir de bonnes raisons. Les empereurs Théodose et Valentinien, voulurent que celui qui prostituait sa famille perdit sur elle toute sa puissance (7).

2° L'Enfant doit consentir à son émancipation (8) à moins qu'il ne soit infans (9).

---

(1) C. 5. C. 12, 3. — Nov. 81.

(2) C. 10, 51, 66.

(3) Gaius 1, § 132, 134. — Ulp. 10, 3. Paul, 11, 28, Just., 1. 12, § 6, 10. D. 1, 17. C. 8, 4, 9.

(4) Fr. 31, D. 1, 7.

(5) L. V, D. 37, 12.

(6) 92 D. 33, 1.

(7) C. 8. C. 11, 40.

(8) Paul, 2, 23, 7. C. 5. C. VIII, 49.

(9) C. 8, eod. in fin.

2° Il faut que les formes indiquées par la loi soient observées.

La loi des XII Tables, on le sait, ne permettait pas d'émanciper directement, il n'y avait pas de moyens légaux pour arriver à ce but. On fut, dès-lors, obligé d'en employer de fictifs, et l'on se servit de la *mancipatio*. Le père de famille avait le droit de vendre ses enfants. Si le fils était affranchi par son acheteur, il retombait sous la puissance de son père. Le père avait le droit de faire de lui un nouveau marché jusqu'à trois fois; si le fils était de nouveau affranchi, il devenait *sui juris*, le père ayant épuisé par ces trois ventes successives, la puissance paternelle « *si pater filium ter venumdedit filius a patre liber esto.* » Tels furent les moyens que l'on employa pour arriver à l'émancipation du fils de famille.

Lorsqu'il s'agissait d'une fille ou d'un descendant au-delà du premier degré, une seule vente suffisait pour épuiser la puissance paternelle. Il résultait un grave inconvénient pour le père de famille de ce mode de procéder. Il arrivait, en effet, que l'enfant affranchi par son acheteur, devenait son client, et celui-ci bénéficiait de tous les avantages que donnait la qualité de patron. On obvia à cet état de choses en ajoutant à la mancipation une clause de fiducie, par laquelle l'acheteur s'engageait à rendre au père la propriété de son fils qui, une fois affranchi par lui, entrait dans sa clientèle. Si l'on avait oublié d'ajouter à la *mancipatio* la clause de fiducie, le préteur, corrigeant le droit civil, en cas de mort de l'émancipé, appelait à sa succession ses plus proches parents préférablement au *manumissor extraneus*.

Telles étaient les formes de l'émancipation dans l'ancien droit; plus tard deux modes nouveaux furent introduits par les empereurs Anastase et Justinien.

Ce fut en l'an 503 que l'empereur Anastase décida que l'on pourrait émanciper, en adressant une supplique au princé qui rendait un rescrit que l'on faisait insinuer devant le magistrat (1).

Justinien abolit définitivement la forme ancienne que l'empereur Anastase avait laissé subsister, maintint l'émancipation anastasienne et introduisit une forme nouvelle, l'émancipation davant le magistrat. (2).

L'émancipation n'était pas irrévocable, et le fils qui se rendait coupable envers son père de mauvais traitements ou d'injures, en était puni en rentrant sous sa puissance

L'ascendant qui avait un fils et de ce fils un petit-fils, était libre, en émancipant son fils, de garder son petit-fils sous sa puissance (3).

6° La puissance paternelle se dissolvait encore par l'adoption. Nous ne reviendrons pas sur cette matière que nous avons déjà traitée dans les modes d'acquisition de la puissance paternelle, et comme comme je l'ai déjà dit, l'enfant ne devenait pas *sui juris*, il ne faisait que changer de maître.

(1) C. 5. C. 8, 49.

(2) C. 6, eod.

(3) C. 8, 50, 49.

ANCIEN DROIT FRANÇAIS.

CHAPITRE PREMIER

De la puissance Paternelle

Nous avons vu la puissance paternelle bien amoindrie par le Droit nouveau ; elle se maintint ainsi pendant très long-temps en Gaule, surtout dans le Midi. Les rois francs, en effet, ne voulurent point froisser complétement les peu-ples qu'ils soumettaient à leur puissance, en leur enlevant ce qu'ils avaient de plus cher au monde, après le nom de leur patrie, c'est-à-dire leurs lois. Aussi, les rois francs de la première race permirent-ils aux Gaulois de suivre les traditions du Droit Romain, telles qu'ils les avaient pra-tiquées avant la conquête ; et, s'il faut en croire Merlin (1), les deux peuples unis dans la suite, par le temps, finirent

(1) Rep. de jur. vᵉ puis pat., page 538.

par confondre leur législation , et, vainqueurs et vaincus, admirent , dès-lors les effets de la puissance paternelle.

Sous la seconde race,de nos rois, il était permis de vendre les enfants , et jusques au treizième siècle , il est démontré que le pouvoir du père allait jusques à vouer à Dieu des enfants qui n'étaient pas encore nés.

Les anciennes chartes établissent clairement l'existence de la puissance paternelle dans le moyen-âge. Elle existait certainement ; mais toute la France n'était pas sous le même régime, quant à l'application. Lorsque par la suite des temps, par la différence des mœurs, notre pays fut divisé en deux parties bien distinctes, en pays de droit écrit et en pays de coutume, la puissance paternelle dut subir de graves altérations dans ceux-ci ; dans ceux-là, au contraire, rester à peu près intacte, modifiée seulement par quelques coutumes locales dans les grands centres de population. Ainsi , comme à Rome, dans les pays de droit écrit, l'on appelait fils de famille,tout enfant qui se trouvait soumis à la puissance de son père quand bien même il fût majeur. Le père avait le droit de jouir en usufruit de tous les biens qui appartenaient à ses enfants, à quelque titre que ce fût, excepté des biens acquis par eux à la guerre, au barreau, au service de l'Eglise (pécule castrense et quasi-castrense). Le pécule adventice irrégulier existait aussi quelquefois au profit des enfants, lorsque, par exemple , le père et le fils succédaient conjointement à un autre enfant prédécédé, parce que le premier avait une portion virile en propriété (1) , lorsque le père refusait à son fils l'autorisation d'accepter une succession ou une donation, ou que les biens étaient donnés ou légués à condition que le père n'en aurait pas l'usufruit. Les enfants ne pouvaient pas emprunter valablement sans le consentement de leur père , tant qu'ils étaient sous sa puissance, à quel âge qu'ils pussent être. Le père de fa-

(1) Nov. 118, ch. II.

mille ne pouvait être obligé d'émanciper son fils , sauf
certains cas particuliers comme dans les *Instilules* de
Justinien. Il y avait dans les pays de droit écrit certaines
coutumes particulières qui dérogeaient au droit romain ,
celle du Parlement de Toulouse, par exemple, en vertu
de laquelle le fils qui se mariait n'était plus sous la puissance de son père. Il en était de même dans les pays de
droit écrit qui relevaient du parlement de Paris , tels que
le Lyonnais, le Forez, le Beaujolais. Comme dans le droit
romain , la puissance paternelle dans les pays de droit écrit
était détruite par l'émancipation. Primitivement , les enfants émancipés étaient hors la famille et ne succédaient
pas à leurs parents. Plus tard , la rigueur du droit fut
atténuée , et l'émancipation n'eut d'autre effet que de
soustraire le fils de famille à la puissance de son père.

L'émancipation se faisait par arrêt du parlement , sauf
dans celui de Toulouse où le notaire était compétent:
le père, en dédommagement, conservait la moitié des
biens de l'enfant en usufruit. On voit par les quelques
exemples que je viens de citer , que le droit romain , dans
nos pays du Midi, n'avait presque pas subi d'altération.
Il n'en était pas de même dans nos coutumes.

Profondément séparés du Midi par la race et les mœurs,
les peuples du Nord, que je pourrais appeler nos conqué-
rants , ne continuèrent pas à suivre le droit romain qu'ils
avaient accepté à l'origine de la main des vaincus. La
puissance paternelle devait , dès-lors, suivre la fortune
de la plupart des institutions romaines, elle devait être
amoindrie; de telle sorte que Loysel se croit autorisé
à dire (1) : *Droit de puissance paternelle n'a lieu.* Cette
règle est tirée de l'article 221 de la Coutume de Senlis.
Telle est aussi l'opinion de Doumoulin sur la Coutume
de Paris. La cause de la civilisation avait fait de tels progrès sous les rois de la troisième race, et les enfants étaient

(1) L. I, t. 2, reg. 37.

traités avec tant de douceur, qu'Accurse, vivant au treizième siècle, pût dire qu'en France ils étaient affranchis de la puissance paternelle ; de là l'erreur dans laquelle sont tombés quelques commentateurs, tels que Loysel et Dumoulin. Pour ma part, je crois qu'il ne faut pas prendre à la lettre l'opinion émise par ces deux grands jurisconsultes.

Comment croire, en effet, que nos coutumiers aient voulu faire une scission telle avec le droit romain, que, passant d'un extrême à l'autre, ils aient relaché les liens de la famille, de façon que les enfants ne fussent plus soumis désormais à aucune puissance. Il est plus rationnel de croire qu'en effet, nos coutumiers n'ont pas voulu suivre les traditions du droit romain, mais qu'ils ont laissé seulement au père un droit de puisssance, tout de direction tempéré par la piéte paternelle, et n'allant pas au-delà, selon nos mœurs.

Il existe un certain nombre de Coutumes qui font mention, dans leurs articles, de la puissance paternelle : ce sont les Coutumes de Vitry, art. 100; de Reims, art. 6 et 7; de Montargis, chap. 8, art. 2; Bourbonnais, art. 118; Pontoise, art. 316; Châlons; art. 7; Sedan, art. 5; Chartres, art. 103; Châteauneuf, art. 133; Berry, art. 3; Bretagne, art. 498.

Il faut bien se garder de croire que la puissance paternelle florissait telle qu'elle existait à Rome. dans les coutumes qui l'admettaient ; et il est bien difficile de savoir au juste parmi ce fouillis de Coutumes qui régissaient notre pays, par quoi nos coutumiers ont voulu remplacer l'inflexible loi romaine sur la puissance paternelle. Les Coutumes qui s'en sont le plus occupé, en parlent comme d'un fait acquis dont il ne s'agit plus que de tirer des conséquences, et non comme d'un principe à établir.

La famille est livrée à elle-même et régie, pour ainsi dire par le droit naturel. Le principe qui se dégage le plus clairement de ce cahos, est le droit de bail et de garde dont nous aurons bientôt l'occasion de parler.

La puissance paternelle est plutôt semblable à celle d'un tuteur qu'à celle d'un maitre, elle consiste dans un droit qu'ont les parents de gouverner la personne et les biens de leurs enfants, droit établi en faveur de ceux-ci, et devant cesser naturellement dès le moment où ils seront capables de se gouverner eux-mêmes.

A la différence du droit romain qui n'accordait la puissance paternelle qu'au père, dans les coutumes, elle était commune au père et à la mère; mais pour celle-ci, pendant le mariage, elle devait être subordonnée à celle de son mari, elle n'en exerçait seulement les droits qu'en cas de mort du mari. Les coutumes du Hainaut sont remarquables sur ce point. Elles conservent à la puissance paternelle la plupart des effets qu'elle produisait chez les Romains, seulement, elles la partagent entre le mari et la femme, et pour celle-ci en reculent l'exercice à la dissolution du mariage. Dans la Coutume de Mons; la femme qui convolait à de nouvelles noces transportait la puissance paternelle à son mari: mais celui-ci perdait la puissance à la mort de la mère. C'est, en effet, un principe reconnu, que l'on ne peut transporter à un tiers plus de droit que l'on n'a. Or, la puissance paternelle qu'avait la mère devait finir avec sa vie; il était, dès-lors, de toute justice que le mari ne la continuât pas. Un grand nombre de Coutumes, telles que celles de Gorze, Bailleul, Liège, Gand, suivaient ces principes en cette matière. Les lois du Hainaut n'accordaient la puissance paternelle qu'aux roturiers et aux nouveaux nobles; mais ces lois faisaient une trop grande exception au droit commun, pour que l'exemple de ce pays fût suivi par d'autres: en vain citerait-on la Coutume d'Angoulême. Un arrêt postérieur à celui de 1612, qui avait introduit une législation semblable, rendit la puissance paternelle aux nobles comme aux roturiers.

CHAPITRE II

Des modes d'acquisition de la puissance Paternelle

La puissance paternelle pouvait être issue de deux origines : 1° du mariage ; 2° de la légitimation.

§ 1.

Du mariage.

L'Eglise avait élevé le mariage au rang d'un sacrement, et la puissance séculière fit dépendre l'existence du lien civil de la bénédiction du prêtre, attestée par lui-même (1). Il ne pouvait-être valablement contracté avant l'âge de 12 ans pour les filles, de 14 ans pour les hommes.

Une des premières conditions pour la validité du mariage, était le consentement des parties, jusques à un certain âge, celui des parents était nécessaire. Les filles âgées de moins de vingt-cinq ans, et les fils au-dessous de trente ans, ne pouvaient se marier sans le consentement de leur

(1) Ord. de Blois, déclar. de 1639. — Edit de 1697.

père et mère existant, ou du survivant, si l'autre était
décédé (édit. de 1556, ordon. de Blois, décl. de 1639).
Après vingt-cinq ou trente ans, les enfants pouvaient se
passer de consentement, seulement à peine d'exhérédation,
ils étaient tenus de le demander à leurs ascendants, par
trois sommations respectueuses (même édit. de 1556). Du
reste, le même édit de Blois défendit aux curés de passer
outre *à la célébration* du mariage, lorsqu'on ne produisait
pas le consentement des père et mère. Les mineurs orphe-
lins devaient avoir l'autorisation de leur tuteur.

Le mariage légitime était nul encore pour cause de parenté à un degré prohibé par les canons de l'Eglise. Ces
prohibitions s'étendaient jusques au quatrième degré ca-
nonique, huitième degré civil. Tels étaient les principaux
empêchements au mariage, et qui mettaient ainsi un obstacle à l'exercice du droit paternel.

§ II.

De la légitimation.

L'Eglise gardienne vigilante de la pureté des mœurs, ne
pouvait passer sous silence les enfants issus d'un commerce illégitime, qu'elle frappait de sa réprobation : elle
devait alors faire les plus grands efforts pour détruire ces
unions illicites et améliorer la position des enfants que ses
lois frappaient cruellement. Avec l'influence qu'elle exerça
sur le droit civil dans la période de la législation que nous
étudions, ses ordonnances devaient être religieusement
suivies. Si la position des bâtards était pénible dans
l'Eglise, à ce point, qu'aucune dignité ne pouvait leur
être confiée, et qu'il existe une bulle de Sixte V, qui
interdit la pourpre cardinalice aux bâtards, on peut
facilement comprendre que dans l'Etat, leur position

n'était rien moins que peu brillante. Il fallait donc à tout prix les aider à sortir de ces positions inférieures où le hasard les avait placés, et encourager les parents par les avantages qu'on leur accordait sur leurs enfants, à les légitimer par le mariage. Aussi, n'eut-on pas de peine à suivre les règles déjà tracées sur ce point par le droit romain.

Si il avait pluriex enfans nes avant que il l'espousait et la mère et l'enfans à l'espouser étaient mis dessous le poile en sainte Eglise, si deviuraient-ils loyaux hoirs (1).

Loysel s'exprime aussi de la même manière dans ses institutes « enfants nés avant mariage, mis sous le poële, sont légitimés. » Aussi, appellait-on en France les enfants légitimes, *enfants mis sous le drap*. Cet antique usage tomba en désuétude, et le mariage produisit la légitimation, même sans qu'on eût besoin de parler des enfants par la seule force de la loi.

Pour qu'il y eût légitimation, il fallait, non-seulement, que le mariage fût valablement célébré, mais encore (cette dernière condition, nous l'avons vu exprimée, quand nous étudiions le droit romain), il fallait qu'il n'y eût pas d'empêchements dirimants entre les parents, à l'époque du commerce illicite.

Le mariage subséquent effaçait toute trace de bâtardise, assimilait complètement le bâtard à l'enfant légitime. Il existait un cas pourtant qui avait excité une très grande controverse, nous ne l'étudierons pas, nous serions entraînés un peu trop en dehors de notre sujet. On s'était posé la question de savoir si le bâtard devait jouir de son droit d'aînesse sur ses frères nés du mariage qui avait opéré la légitimation. Fellcius, Alciat, Voët, Lebrun opinaient pour l'affirmative ; Charondas, Legrand, Brodeau penchaient pour la négative.

(1) Beaumanoir, Cout de Beauvoisis, ch. XXVIII.

Le mariage *in extremis* ne produisant pas d'effets civils, ne pouvait dès-lors entraîner la légitimation.

Il existait un deuxième mode de légitimation, qui se faisait par lettres du prince. Cette légitimation ainsi faite en dehors de l'autorité ecclésiastique, ne devait produire que des effets civils. Le pape seul pouvait donner à cet acte des effets canoniques. Cette légitimation avait des effets moins étendus que la première, elle effaçait la tâche d'une naissance illégitime, mais la jurisprudence n'était pas unanime pour décider que l'enfant ainsi légitimé avait le droit de succéder *ab intestat* à ses père et mère.

Les enfants adultérins et incestueux ne pouvaient être légitimés.

Le père devait former lui-même sa demande de légitimation, et elle devait être entérinée de son consentement exprès.

Le jurisconsulte Charondas est d'avis que lorsque le père est mort, l'enfant peut être légitimé à la requête de son aïeul.

Le fils naturel devait consentir à la légitimation. Quant à l'adoption, elle ne produisit d'effets que dans le premier temps de la monarchie ; et sans avoir pourtant la valeur que le droit romain lui donnait, elle produisait la puissance paternelle ; c'est ce que nous apprennent les formules de Marculfe, liv. 1, chap. XIII. Peu à peu, elle tomba en désuétude et finit par être complètement abandonnée pour être tirée de l'oubli, par le décret du 18 janvier 1792.

CHAPITRE III

Droit du Père de famille sur les Personnes

Comme je le disais plus haut, la puissance paternelle dans le pays de coutume, différait essentiellement de la puissance patenelle suivie dans les pays de droit écrit, où les traditions romaines étaient toujours restées en grande faveur. Le droit du père de famille était plutôt celui d'un tuteur que d'un maître, et les limites de ce droit étaient fondées sur ce que l'enfant appartenait plutôt à l'Etat qu'au père. Celui-ci avait toujours sur eux un droit de surveillance et de direction : ainsi, par exemple, il avait le droit de s'opposer à l'admission de son enfant dans un ordre religieux. C'est ce que nous apprend une sentence du Châtelet du 30 août 1760, qui déclare que les vœux émis pour entrer dans un couvent par une fille âgée de vingt-trois ans, doivent être considérés comme non avenus, et ordonne qu'elle se retirera dans la maison de son père avec défense d'en sortir jusques à sa majorité.

Le père devait nourrir ses enfants et subvenir à tous leurs besoins, jusqu'à ce que leur âge leur permit de se suffire à eux-mêmes. Un arrêt du 3 septembre 1760, déclare que les parents ne sont pas obligés de doter leurs enfants. Le père avait le droit de correction sur ses enfants. Mais ce droit ne devait pas dépasser certaines bornes, et en cas d'abus, ils avaient le droit de se plaindre. La jurisprudence autorisait les parents à faire enfermer leurs en-

fants dans une maison de correction jusqu'à l'âge de
25 ans. Si le père ou la mère convolaient à de nouvelles
noces, ils avaient alors besoin de l'autorisation du lieute-
nant civil de la province, qui leur permit d'user de ce
droit. Le père, dans certains cas, pouvait rendre en conseil de famille de véritables sentences : le recueil de Basset,
(t. 2, p. 236), cite l'exemple d'un jugement rendu par un
tribunal de famille, qui condamnait un fils coupable d'avoir
attenté à la vie de ses parents, à vingt ans de galères, et
dont il fut relevé appel à *minima* par le procureur général qui fit élever la condamnation à celle des galères per-
pétuelles.

CHAPITRE IV

Droits sur les biens

Plusieurs coutumes entre autres celle de Paris, décidaient que le père n'avait point l'usufruit des biens qui appartenaient au fils, si ce n'est en vertu de la garde dont nous aurons bientôt l'occasion de parler. Mais toutes les coutumes n'étaient pas du même avis, je peux même dire que la généralité, parmi lesquelles je citerai les coutumes de Berry, d'Auvergne, de Sédan, de Bourbonnais, de Poitou, admettaient presque en entier la disposition des lois romaines sur le pécule adventif des enfants. L'article 22 de la coutume de Berry, confirme plainement ce que je viens de dire, « le père est légitime administrateur des biens maternels et autres adventifs appartenant aux enfants étant en puissance. »

Il est essentiel de faire une remarque importante ; quoique le pouvoir des pères sur les biens des enfants ne porte, dans les textes que la qualification de légitime ou de loyale administration, c'était néanmoins un véritable usufruit accordé au père à titre de compensation. C'est un point admis par toutes les coutumes.

La coutume de Nivernais à fait plus, elle emploie le terme de légitime administration, au lieu de celle de tutelle et de curatelle; elle a l'air même de les confondre dans une seule et même idée. Cette coutume en effet, n'accordait au père qu'une simple administration, strictement sans usufruit, c'est ce qu'explique très bien Coquille dans son commentaire sur l'art. 2. « Tutelle légitime et administration légitime, à parler proprement sont deux choses diverses. Le père se dit légitime administrateur de son enfant qui est en sa puissance, et quand l'enfant est émancipé, il devient légitime tuteur, mais selon le commun usage, comme il est dit ci-dessus, art. 0 : « les deux sont confondus, etc..... Mais en ce pays, nous ne pratiquons le gain de fruits et tenons le père comme tuteur. » Les coutumes de Bourbonnais et d'Auvergne, confondent ces deux appellations comme dans le Nivernais. La mère est légitime tutrice et administeresse des biens de ses enfants, seulement elle n'a aucun droit à l'usufruit. Quand aux pères, ces coutumes rentrent dans le droit commun. La coutume d'Auvergne (1) oblige seulement le père qui convole à de nouvelles noces à faire inventaire des biens, *sous peine d'être privé de l'usufruit qu'il a sur iceux.* L'usufruit paternel portait sur tous les biens composant le pécule adventice de l'enfant. Cette règle souffrait certaines exceptions, nous avons vu dans les pays de droit écrit qu'en vertu du chap. 2, de la Novelle 118, le père n'avait point l'usufruit des biens, qu'il prenait conjointement avec ses enfants, dans la succession d'un de leur frères prédécédé. Il en était de même pour les biens légués ou donnés à la condition expresse qu'ils n'en n'auraient pas l'usufruit. Le chap. 22, art. 5 des chartes de Hainaut, suit cet avis, etc.

Le père n'a l'usufruit que sur les biens acquis au fils seulement pendant la jouissance paternelle. Certaines coutumes exigeaient, que le père en entrant en possession de l'usufruit fit inventaire, d'autres, comme la coutume de Valenciennes ne l'exigeaient pas.

(1) Art. 2, t. 11.

5.

Les coutumes de Hainaut exigeaient de plus qu'il fournît une caution. L'usufruit paternel prenait fin par la mort du père à qui il était déféré, par la perte des biens, par la prescription, par la mauvaise administration du père, par la réunion de la propriété entre ses mains, par la majorité fixée par la Coutume de Bourbonnais, à quatorze ans pour les filles, dix-huit pour les garçons,

La puissance paternelle s'éteint : 1° par la mort naturelle ou civile du père ou du fils de famille ; 2° par la majorité ; 3° par l'émancipation ; 4° par l'élévation à certaine dignités..

Comme je le disais en droit romain, la mort du fils ne faisait que limiter l'exercice de la puissance paternelle, la mort du père, au contraire, rendait le fils libre de tous liens. La mort civile pouvait provenir, soit d'une condamnation, soit d'une profession de foi, pour l'entrée dans un ordre religieux. Le deuxième mode de dissolution de la puissance paternelle, était la majorité. Je me réserve de donner quelques détails sur elle, quand je traiterai des cas qui mettaient fin au droit de garde.

L'émancipation enlevait toute puissance au père sur la personne et sur les biens de l'enfant. Dans les pays de droit écrit, nous avons vu que le père conservait en dédommagement l'usufruit de la moitié des biens. Il y avait deux sortes d'émancipation. L'émancipation expresse et tacite la première se faisait en justice, et le jugement devait être enregistré au greffe du parlement du domicile du père (1). Dans la Coutume de Paris, l'avis de sept parents était nécessaire pour constater devant le juge, que l'enfant était capable d'administrer ses biens, et, c'était par leurs suffrages, que les lettres d'émancipation étaient entérinées. Dans certaines coutumes (2) l'enfant devait requérir lui même son émancipation. Cette exception aux règles ordi-

(1) Edit du 10 août, 1763. — i — 116.
(2) Cout. de Bret., art. 526.

naires sur cette matière, ne fut suivie que par un très
petit nombre de Coutumes. L'émancipation tacite avait
lieu : 1° par la majorité; 2° lorsque le fils avait habité pendant dix ans hors du domicile paternel (1). La Coutume de
Poitou (art 312) émancipe l'enfant roturier, qui est marié
et qui a demeuré pendant un an et un jour hors de l'hôtel
et compagnie de son père. Pour l'enfant noble, au contraire, il fallait une émancipation expresse.

Certaines Coutumes admettaient parmi les genres
d'émancipation tacite, celui où le fils faisait un négoce
distinct de celui de son père.

La Coutume de Bourbonnais, dit : « fils de famille, ma-
riés ou prêtres, sont réputés émancipés. » C'était aussi
l'avis de la généralité des Coutumes de France. Dans les
pays de droit écrit, au contraire, le parlement de Toulouse
seul faisait exception à la règle généralement suivie, que
l'émancipation ne suivait pas le mariage. Les dignités que
faisaient cesser la puissance paternelle, étaient celles de
président à mortier, d'avocats et de procureurs généraux.
Les dignités ecclésiastiques, qui étaient d'un ordre supé-
rieur, avaient seules ce pouvoir.

Telles étaient les lois qui régissaient la puissanc du père
dans la famille, elles se perpétuèrent en France jusqu'à la
révolution de 1789, qui fit passer son niveau sur toutes les
institutions qui pouvaient rappeler la féodalité. Une première loi déclara le enfants libres de la puissance paternelle à la majorité qui fut fixée pour tous à 21 ans. Les diverses lois qui suivirent, continuèrent à saper dans sa base
la famille, et elle fut pour ainsi dire anéantie par les dé-
crets du 6 janvier 1794, accordant aux enfants naturels les
mêmes droits qu'aux enfants légitimes, et du 24 brumaire
an II, permettant à chaque citoyen de prendre le nom
qu'il voudrait.

(3) Arrêt du Parlement de Toulouse, 25 mars 1580.
(1) Loi du 28 août 1792.

Ce fut dans cet état désastreux que la famille se présenta aux yeux des législateurs, chargés de reconstruire la société civile ébranlée par la tourmente révolutionnaire. Ce sera pour eux un éternel honneur de l'avoir soumise à des lois qui devaient la rendre désormais respectable, considérée et digne enfin de former les citoyens d'un grand état comme la France.

Après avoir étudié la puissance paternelle dans nos Coutumes, il nous a semblé utile d'étudier un droit très en vigueur dans notre pays et qui se liait intimement avec elle. Je veux parler du droit de bail et de garde, qui fera la deuxième partie de mon travail sur le droit coutumier

CHAPITRE VI

Du droit de bail et de Garde

SECTION I.

De la garde royale et seigneuriale.

Il était de l'essence du système féodal, que le vassal n'eût droit sur le fief, qu'à charge de rendre au seigneur les services qui lui étaient dus. Si l'enfant était majeur au décès de ses père et mère, il entrait en possession du fief immédiatement, sinon, on prenait des mesures pour qu'il n'entrât en possession seulement qu'à la majorité.

A l'origine, tout seigneur dépendait du roi et tout vassal devait des services qu'il ne pouvait rendre que s'il était majeur, et si, lorsque sans la faute de celui-ci, les services du fief ne pouvaient être rendus par suite de son extrême jeunesse, le roi suzerain reprenait son droit ancien sur les fiefs, nommait des commissaires chargés de l'administrer, d'en faire le service, et de pourvoir par les revenus aux besoins du vassal mineur, et le restituait dans la suite, lorsque

l'enfant était devenu majeur (1). Telle fut l'origine de la
garde royale et seigneuriale appelée garde noble dans la
Coutume de Normandie, bail dans celle de Bretagne. Quand
on eût constitué des arrières fiefs, qui ne relevaient plus
directement du roi et que les seigneurs aspirèrent à secouer
le joug royal, ils revendiquèrent la garde des mineurs possesseurs de fief, qui mouvaient d'eux; le roi, dès lors n'eut
plus la garde sur ses vassaux directs que comme suzerain.
Telle fut la garde seigneuriale, elle ne pouvait s'appliquer
qu'au fief, et celui-ci était soumis à la garde, non seulement lorsque à la mort du vassal l'héritier était mineur,
mais aussi lorsque l'héritière était mariée à un mineur.
Le seigneur percevant les revenus, en employait partie à
solder un homme qui faisait le service du fief, partie dans
certains cas à l'entretien de l'enfant : Ses droits étaient ceux
d'un usufruitier. Devant rendre le fief un jour, il ne pouvait
dès lors rien faire qui ressemblât à un abrègement. Ainsi
l'art. 215 de la Cout. de Normandie, accordait le droit de
garde à charge de payer *les arrérages de rentes seigneu-*
riales et foncières, et hypothèques qui échéent pendant
la garde. Si les revenus ne suffisaient pas, le seigneur ne
pouvait pas vendre une partie du fief pour acquiter ses
obligations, ce qui eût été son abrègement ; mais il percevait alors dans ce but une taxe sur tous les habitants non
nobles de la seigneurie, ce qui fut une source de grands
abus. Ce droit du seigneur de prendre les fruits et de les
faire siens, était une compensation des droits de relief et
de rachat de la terre que la coutume accordait au seigneur
à chaque mutation de propriété. Tel est le droit de garde
du seigneur sur les fiefs.

Quant à la personne du mineur, lorsque le fief relevait
directement de la couronne, le prince avait dans sa garde
le fief et la personne du mineur, ainsi que tous les autres

(1) Bourjon, t. 19 de la garde-noble et bourgeoise. — Duplessis, Traité
de la garde, chap. I, p. 203.

biens qui survenaient pendant la garde, qui se prolongeait jusqu'au moment où l'héritier avait accompli sa vingt-unième année.

Lorsque le fief ne relevait pas directement de la couronne, le seigneur avait le droit de garde seulement sur le fief sauf le cas où les tuteurs et parents de l'enfant consentaient à voir passer celui-ci sous la garde du seigneur, à la différence de la garde royale la garde du seigneur ne se prolongeait pas au délai de la vingtième année du vassal.

Il existait un cas ou le seigneur était tenu d'entretenir le mineur : l'art 218 de la cout. de Normandie déclare que le seigneur *fait les fruits de sa garde siens, et n'est tenu à la nourriture et entretennement des personnes de soussâge, s'ils ont eschceles ou autres biens roturiers.* Il en est dès lors tenu, lorsque l'enfant ne recueille d'autres biens que le fief noble tenu du seigneur. Dans le cas où le mineur recueille plusieurs fiefs nobles dépendant chacun en particulier d'un seigneur, ceux-ci devront contribuer à la nourriture et entretennement et instructions d'iceluy, chacun pour la quote part de leurs fiefs et au marc la livre (1).

Les deux Coutumes de Bretagne et de Normandie, sont les seules qui fassent mention expresse de droit de garde seigneuriale.

En Bretagne ce droit existait sous le nom de *Bail*, mais déjà en 1275, il était profondément altéré. A cette époque, en effet, le duc Jean le Roux fit avec les possesseurs de fief, une convention par laquelle il renonçait au droit de bail, moyennant celui de prendre à la mort du vassal une année des revenus, que l'héritier fût majeur ou mineur.

A l'exception de ces deux coutumiers, tous les autres sont muets sur ce point, et nous serions à douter de l'existence du droit de bail et de garde, s'il n'était pas autant lié avec le système féodal, pour que les seigneurs de France n'aient pas suivi l'exemple de ceux de Bretagne et de Normandie.

(1) Art. 210, même Cout.

Nos anciens auteurs en parlent aussi : il faut dès lors croire que la garde seigneuriale a été en vigueur dans toute la France.

De la Garde-noble.

La garde seigneuriale d'abord revendiquée par les seigneurs, leur parut bientôt gênante : elle entraînait avec elle des charges quelquefois considérables, et vers le XIᵉ siècle, nous les voyons se décharger de ce fardeau et l'abandonner à la famille. Il faut croire que les seigneurs profitèrent de ces circonstances pour se faire payer le droit auquel ils renonçaient. Telle fut l'origine de la Garde-noble. Celle-ci varia suivant que le mineur héritier du fief avait ou non son père ou sa mère. La garde comprenait seulement la garde de la personne, le bail, l'administration du fief. Ainsi ces deux droits étaient divisés : le bail appartenait au parent héritier présomptif du fief, s'il y en avait plusieurs on préférait le mâle, et entre les mâles, l'aîné. S'il y avait des fiefs paternels et maternels, il existait deux baillistres. La garde appartenait au plus proche parent parmi ceux qui n'héritaient pas du fief. S'il s'agissait d'un grand fief, les vassaux déféraient le bail et la garde à qui ils voulaient. Aucune femme ne pouvait exercer la garde de l'enfant orphelin de père et mère; quant au bail, elle pouvait exercer ce droit. Le père en mourant pouvait indiquer la personne qui devait être gardienne et baillistre, sous condition d'approbation par le seigneur. Si le père ou la mère survivait, il était gardien et baillistre, le bail était réuni à la garde. Dans ce cas, on contrariait la règle : que l'héritier présomptif a le bail. Le père ou la mère, en effet, n'étaient pas héritiers pré-

somptifs en vertu de la règle : « fiefs ne remontent point. »
Mais nos coutumiers pensèrent avec raison que le père ou
la mère étaient plus à même de surveiller les intérêts du
mineur que celui qui devait hériter de ses biens en cas de
mort de celui-ci. Ces principes sont tirés des Assises de
Jérusalem qui ont parlé de la garde-noble avec de très
grands détails. Philippe de Beaumanoir, dans sa Coutume
de Beauvaisis, s'éloigne du système des Assises, en ce sens
qu'il concède en même temps le droit de bail et de garde à
l'héritier présomptif. Mais en même temps il craint de
s'être trop avancé et s'être montré trop optimiste touchant
la bonne foi de ses contemporains, et il déclare que l'in-
compatibilité entre le droit de bail et celui de garde peut
être prononcé, lorsqu'il paraît exister un danger véritable,
que la personne du mineur soit remise entre les mains de
son héritier présomptif.

C'est ainsi que vint la distinction dans plusieurs coutumes entre la garde naturelle et la garde collatérale : On
confia aux père et mère, à qui la garde naturelle revenait
de droit, la personne de l'enfant, car le mineur ne pouvait
souffrir avec eux aucun danger, et on ne la confia point
aux collatéraux, de peur qu'ils n'attentassent à la vie de
celui dont ils étaient les héritiers présomptifs. « *Se il*
advenait que uns gentilhomme mourust, lui et sa
femme, et ils eussent hoirs, cil qui devrait avoir le
retor de la terre (non) de par le père, ains de par la
mère si aurait la terre en garde; mais il n'aurait pas
la garde des enfants ains l'aurait un de ses amis de
par le père, qui serait de son lignage et devrait avoir
la terre par reson à nourrir les enfants et pour-
voir. (1).

Du treizième au quinzième siècle, la garde fut profondément modifiée; elle ne se divisa plus en bail et garde; une
seule personne l'exerça.

(1) Établ., l. I, chap. CXV. — Loysel, t. I, p. 221.

Lorsqu'il n'existait pas de parents pour recueillir le bail et la garde, la garde seigneuriale reparaissait. Seulement, le seigneur la possédait cette fois avec de plus grands avantages, il n'était point sujet aux dettes, et les créanciers, pour se faire payer, devaient attendre la majorité du pupille. La seule obligation du seigneur était de « *lor livrer vesture et pasture, selon ce que li enfes est petit ou grans.* » — « *Si sire pot peure le fief en sa main par défaut d'omme, et sont sotes acquises toutes les levées du fief* (1). »

Le seigneur avait le droit de reprendre encore la garde lorsque le baillistre dégradait le fief.

SECTION III.

Des personnes qui exercent la garde-noble.

Certaines coutumes, telles que celles du Maine et d'Anjou, nous venons de le voir, n'accordaient la garde-noble qu'au survivant du père ou de la mère, et excluait les autres ascendants et surtout les collatéraux. La coutume de Paris, art. 265, non-seulement la déférait au père et à la mère, mais encore à tous les ascendants. Elle ne distinguait pas s'ils étaient parents du côté paternel ou maternel. En cas de conflit entre parents au même degré, le parent du côté paternel était préféré.

La Coutume d'Orléans appelait, elle aussi, tous les ascendants du mineur, seulement elle excluait ceux qui n'étaient pas parents du conjoint prédécédé, et elle distinguait fort bien la garde, du bail. Le nom de gardien était réservé au survivant du père ou de la mère et aux ascendants ; celui de baillistre, à l'homme à qui la mère ou l'aïeule noble

---

(1) Beaum. cout. de Beauvoisis Beaume.

s'était remariée et aux collatéraux. La garde-noble ne pouvait être déférée qu'à des nobles : il suffisait seulement d'avoir cette qualité, l'on ne recherchait pas si la noblesse était de robe ou d'épée, si elle venait d'extraction ou de concession. Seuls aussi, les enfants nobles pouvaient être placés sous la garde.

Ceux qui étaient morts civils ou qui étaient devenus infâmes par suite d'une condamnation à une peine infamante, telle que le bannissement, les excommuniés, ne pouvaient pas avoir la garde-noble. Le mineur n'a aussi ni bail ni tutelle (1). Il est évident que celui qui est en bail ne peut pas avoir le bail d'un autre.

Seuls les fiefs tombent en bail, et non les héritages tenus en roture; et comme dit Loysel : « *En vilainie, coterie ou roture n'y a bail* (2). »

La garde-noble se déférait à la mort du père ou de la mère, à défaut de survivant, celui que les Coutumes appelaient, la possédait. Elle ne se déférait qu'une fois. D'après certaines Coutumes, pour être réellement gardien ou baillistre, il fallait l'acceptation officielle. Dans d'autres, au contraire, comme dans celle d'Orléans, elle était acquise sans acceptation, et le survivant qui mourait sans s'être expliqué, était censé avoir été gardien; il n'y avait plus lieu à une deuxième garde.

D'après la Coutume de Paris, l'acceptation devait être faite en justice. Dans les Coutumes où cette formalité n'était pas nécessaire, l'on pouvait répudier la garde, en faisant au greffe la renonciation dans la quinzaine, et dans la huitaine, l'on devait pourvoir à ses frais à la nomination d'un tuteur. Il n'y avait pas délai fixé par les Coutumes qui voulaient, pour qu'il y eût garde, l'acceptation ; seulement, le gardien ne percevait les fruits qu'à partir de ce jour. Une fois accepté, le bail devait être conservé jusques à la fin.

(1) 93, 98. — Maine, art. 111. Cout. d'Anson, art. 86.
(2) Art. 534, cout. d'Amiens.

Section IV.

Droits du gardien noble.

Les seuls biens sujets à la garde étaient ceux de la succession du prédécédé du père ou de la mère du mineur : le gardien n'avait d'émoluments que sur ceux-ci ; et quant aux autres biens que le mineur pouvait avoir, il les administrait comme comptable. Il jouissait de tous les fruits naturels et civils. Les fruits naturels se composaient de tous les produits du sol, les fruits civils consistaient en un droit. Le gardien noble avait dès lors pour émolument les amendes, les épaves, la part du trésor trouvé, etc. Il était en somme un véritable usufruitier, et ce qui le prouve, c'est qu'il pouvait nommer à des emplois dans la seigneurie, mais qu'il ne pouvait pas accorder des survivances, ce qui eût été prolonger son droit.

Certaines Coutumes ajoutent au droit déjà si considérable d'usufruitier, le droit de prendre en toute propriété les meubles de la succession du prédécédé, excepté pourtant les créances qu'a le mineur contre le survivant pour la reprise des deniers dotaux du prédécédé, car elles sont regardées comme des immeubles fictifs. Quant à la créance du mineur contre le survivant, pour la reprise de l'apport du mobilier du prédécédé en cas de renonciation à la communauté, étant essentiellement mobilière, elle doit profiter au gardien noble. A Paris, celui-ci n'avait que la jouissance des meubles.

Je passe sous silence d'autres avantages du gardien noble, pour arriver à ses obligations.

Section V.

Obligations du gardien noble.

1° Le gardien était tenu d'accomplir toutes les charges qui incombaient au possesseur du fief. Il devait faire hommage au seigneur qui tenait la terre en sa mouvance et en payer le rachat consistant en une année du revenu. « *Quicumque tenet ballum debet facere rachatum.* » C'est ainsi que s'exprime l'assise donnée en 1246 par saint Louis aux provinces du Maine et de l'Anjou. Si le gardien ne rendait pas l'hommage au seigneur, celui-ci avait le droit de séquestrer le fief: mais la rigueur du droit était atténuée en faveur du mineur innocent qui reprenait le fief à sa majorité.

2° Le gardien devait entretenir en bon état les biens du mineur, soit ceux dont il avait la jouissance, soit ceux dont il n'avait que l'administration, et Loysel pose cette règle : « *Gardien et baillistre sont tenus faire visiter les lieux dont ils jouissent, afin de les rendre en bon état.* » Il devait aussi faire inventaire et donner caution dans certains cas ; la sanction était la perte de l'émolument de la garde noble. Telle est l'opinion de Dumoulin dans sa note sur la Coutume de Bourbonnais. Dans les Coutumes d'Orléans et autres qui ne donnent au gardien que la propriété des meubles, il n'est obligé que de faire inventaire des titres des immeubles seulement. Les petites réparations que tout usufruitier doit faire à ses frais, étaient à sa charge. Il n'en était pas de même des grosses réparations.

3° Loysel continue dans règle XI à nous donner des détails sur les obligations du gardien « *qui bail ou garde prend, quitte le rend.* » Cela veut dire que le gardien est tenu de payer toutes le dettes mobilières; il était, en effet de toute justice, que puisqu'il prenait les meubles, il contribuât à la libération du mineur. C'est ce qui explique comment la Coutume de Paris voulait que les gardes fussent acceptées par jugement; il y avait une sorte de publicité dans la forme de cette acceptation et les créanciers étaient censés avertis. S'ils laissaient passer le temps de la garde ou du bail sans se faire payer, si le gardien devenait dans la suite insolvable, ils perdaient leurs créances et n'avaient même pas la faculté de se faire payer par le mineur devenu majeur.

4° Le mineur était entretenu aux frais du gardien, sans qu'il fût besoin de distinguer s'il avait ou non la garde de la personne de l'enfant. Il devait, dit Pothier, donner une éducation convenable au mineur, digne de son rang et de sa fortune, lui fournir les moyens nécessaires pour parvenir, soit qu'il le destinât à la profession des armes ou au barreau ou à toute autre carrière.

Toutes les obligations du gardien pouvaient et devaient au besoin être garanties par de bonnes cautions. Ainsi, il y avait lieu à caution, lorsque le gardien n'avait pas payé le droit de rachat au seigneur, en même temps qu'il faisait foi et hommage. Le seigneur le devait *justicier à ce qu'il baille bonne seurté de rendre le damace à l'hoir*, dit Beaumanoir, lorsqu'il avait connaissance de quelque acte d'abus ou de mauvaise administration.

SECTION VI.

Fin de la Garde noble.

Le bail prenait fin à la majorité de l'enfant ou s'ils étaient plusieurs à celle de l'aîné. « Il se perd, dit Loysel, *par mésusage ou quand le gardien se marie, à la majorité ou au décès du mineur*, p. 248, t. 1. Anciennement étaient réputés majeurs, ceux qui avaient l'âge suffisant

pour exercer leur profession. A vingt-un ans, les enfants
mâles pouvaient porter les armes, dès-lors les nobles
obligés de faire le service du fief, étaient majeurs à cet âge
et affranchis de la garde. Pour les bourgeois, la majorité
était fixée à l'âge de quatorze ans, mais s'ils possédaient
un fief noble, leur majorité était reculée à vingt-un ans.
De leur côté aussi les nobles pour les biens tenus en vile-
nage et roture étaient majeurs à quatorze ans. Dans la
Coutume de Paris et dans le Beauvaisis, du temps de
Beaumanoir, la majorité pour les hommes était fixée à
vingt ans, pour les femmes à quinze ans. Le vieux coutumier de Champagne et de Brie, chap. V, affranchit les
femmes du bail à onze ans. Les Assises de Jérusalem au
contraire, ne permettaient à la fille de prendre le fief qu'à
son mariage. Le bail terminé par la majorité de la demoi-
selle pouvait renaître, lorsqu'elle épousait un mineur.
« *Se hons sous aages, qui l'a prise n'est pas rechus à
l'ommage devant qu'il soit en aage, et etc, puisqu'ele
est mariée, n'a nul pooir de desservir le fief.* » Quelquefois on laissait la femme desservir le fief, mais c'était
par débonnereté et non par droit (1).

Le bail finissait aussi par le mariage du mineur qui
était émancipé de droit par cet acte auquel avait consenti
le gardien. Il finissait aussi par la mort naturelle ou civile du mineur ou du gardien, par exemple, lorsqu'il faisait profession de foi dans une confrérie ou dans un ordre
religieux, l'émancipation du mineur terminait le bail.

Les parents pouvaient porter plainte devant le juge
contre le gardien et faire cesser le bail, 1° pour malver-
sation, désordre des affaires: 2° pour débauche de la gardienne. Dans quelques Coutumes, celle de Paris, entre
autres, le convol du gardien à de secondes noces terminait la garde. Il en était de même, nous l'avons vu plus
haut, lorsque le gardien ne payait pas le droit de rachat

(1) Cout. de Beauvoisis, chap. XV, n° 50.

au seigneur, s'il dégradait le fief; mais cette dernière règle n'était pas admise par tous les vieux coutumiers où nous voyons au contraire que le baillistre ou le gardien qui dégrade le fief peut être forcé par le seigneur à donner une bonne et valable caution. Le bail se terminait aussi par la perte de la noblesse.

CHAPITRE VI

De la Garde bourgeoise

A côté de la garde noble, nous voyons apparaître dans certaines Coutumes, la garde roturière. Elle n'avait aucune espèce de ressemblance avec la garde noble. C'était une tutelle légitime ne donnant aucun émolument au gardien qui était obligé de donner caution et de rendre compte. La garde bourgeoise s'appliquait en même temps aux roturiers et aux gentilshommes possédant des biens non nobles. Elle avait pour objet la garde de la personne et l'administration des biens qui appartenaient l'un et l'autre à l'héritier présomptif, disent les Etablissements de St-Louis, au plus proche parent, selon Beaumanoir. Elle ne donnait, ai-je dit, aucun profit au gardien et cessait à la majorité fixée à quatorze ans, pour les hommes ; douze ans, pour les filles. Du treizième au quatorzième siècle, les bourgeois de Paris prétendaient à une certaine noblesse et exerçaient conséquemment le droit de garde noble comme les gentilshommes. Ce privilège fut modifié au quinzième siècle et la garde devint alors bourgeoise. Les rédacteurs de la Coutume de Paris ne voulurent pas complétement oublier leurs prétentions à la noblesse, et ils se rapprochèrent, autant que possible, des lois qui régissaient la garde noble. Ils commencèrent par établir un privilège en

6.

faveur des bourgeois de Paris qui, seuls, pouvaient exercer le droit de garde. Il n'était pas nécessaire d'être né à
Paris, il fallait seulement y avoir son domicile à la mort
de celui qui donnait ouverture à la garde. Le survivant
des père et mère avait seul droit à la garde, qui n'était
pas accordée aux aïeuls ou aux aïeules. Les émoluments
étaient les mêmes que pour la garde noble: mais pour les
meubles, ils n'en avaient que la jouissance.

Le gardien était tenu de donner caution, et il n'avait le
droit de jouir des fruits que du jour où il avait déposé son
cautionnement (1), à défaut, il pouvait être poursuivi
et destitué de la garde.

La garde ne comprenait que les biens dont l'enfant avait
hérité du prédécédé, et nullement de ceux qui pouvaient
lui arriver dans la suite; ils avaient une hypothèque légale sur les biens du gardien.

La Coutume d'Orléans avait aussi une garde bourgeoise
qui différait totalement de celle de Paris. Elle n'accordait
ni émoluments, ni jouissance des fruits; c'était une simple
tutelle déférée au survivant, et, à son défaut, à l'aïeul ou
à l'aïeule du côté du prédécédé; les collatéraux en étaient
exclus.

Telle fut cette institution du droit de bail et de garde
qui se perpétua jusques à la Révolution et qui fut abolie
par les lois contraires au système féodal (2).

---

(1) Renusson. *Traité de la Garde*, chap. III, nos 9 et 8.
(2) Je dois signaler ici comme m'ayant été d'une grande utilité le remarquable article de M. Demaugeat, publié dans le 2me volume,
2me série, de la *Revue de Felix*.

DROIT FRANÇAIS

DE LA PUISSANCE PATERNELLE

Sur les Enfants légitimes

Les rédacteurs du Code Napoléon ayant à réglementer la puissance paternelle, avaient deux modèles de législation devant les yeux. Devaient-ils donner à cette puissance toute l'étendue qu'elle avait à Rome ? Il était impossilbe d'y songer. On sortait d'une révolution qui avait brisé tous les liens de la famille, la réaction ne pouvait pas être aussi grande. L'on avait le système du droit coutumier plus bienveillant, comme nous l'avons vu, tout en faveur des enfants et plus en rapport avec nos mœurs; et il me semble que les rédacteurs du Code, sauf quelques modifications empruntées au Droit Romain, ont suivi cette législation. On pourrait reprocher pourtant à nos législateurs de ne pas avoir restitué à la puissance paternelle toute l'étendue et toute l'énergie nécessaire au point de vue de l'ordre public et des bonnes mœurs, surtout quant aux biens, comme nous le verrons plus tard, et d'avoir organisé contre les parents un système de méfiance que rien ne justifie.

La puissance paternelle comprend dans l'acception la plus étendue de cette expression, l'ensemble des droits qui appartiennent au père et à la mère sur la personne et les biens de leurs enfants (art. 371) (1).

L'article 372, C. N., nous donne une autre définition dans une acception moins étendue. Dans cet article la puissance paternelle se résume dans le droit et l'obligation, pour les parents, d'élever leurs enfants et de veiller sur leur éducation, jusqu'à leur majorité ou leur émancipation.

Après avoir étudié les modes d'acquisition de la puissance paternelle, nous étudierons les diverses obligations respectives des parents et des enfants, pour arriver ensuite à l'étude spéciale du pouvoir des parents sur les biens des enfants (administration légale, usufruit légal).

(1) Aubry et Rau, sur Zacharie, T. 3, p. 614, § 544.

CHAPITRE PREMIER

Des causes d'acquisition de la puissance Paternelle

Les deux seuls modes qui sous le Code Napoléon font acquérir la puissance paternelle, sont le mariage et la légitimation.

SECTION I.

Du Mariage.

Plusieurs conditions sont nécessaires pour contracter valablement mariage et acquérir ainsi la puissance paternelle sur les enfants.

Le premier article du Titre V, prend soin de fixer l'âge auquel on peut se marier; il désigne l'âge de dix-huit ans, pour les hommes; de quinze ans, pour les filles. C'est avec juste raison que nos législateurs ont reculé à cet âge la limite fixée avant la Révolution à l'âge de quatorze ans, pour les hommes; douze ans, pour les filles. Un tel usage semblait donner un démenti à la nature en devançant, pour ainsi dire, la puberté, et entraînait de très graves inconvénients. La fixation de l'âge de dix-huit et de quinze ans était mieux assorti à l'état de la nature et de la société. Il peut pourtant exister quelquefois des cas exceptionnels qui exigent impérieusement une dérogation à ces règles ; le chef de l'État peut, suivant les circonstances , accorder des dispenses d'âge (1).

Toutes les législations anciennes et modernes ont admis la nécessité du consentement pour la validité du mariage ; il est de son essence. Les mineurs mêmes qui , pour les autres actes de la vie sont incapables de discerner ce qui leur convient, doivent le donner.

Plusieurs causes peuvent vicier ce consentement : 1° la violence ; 2° l'erreur, sont les principales causes de nullité du consentement.

L'article 180 porte que le mariage qui a été contracté sans le consentement libre des époux ou de l'un d'eux, peut être attaqué par les époux ou par celui des deux dont le consentement n'a pas été libre.

La violence n'est pas, il est vrai, exclusive de tout consentement ; à proprement parler, il est libre ; seulement la loi, avec raison, le considère comme vicié, lorsqu'il a été inspiré par des menaces illicites. Les magistrats sont les souverains appréciateurs de ces faits dans chaque espèce qui leur est soumise, et ils doivent prendre pour guide les articles 1111-1114 , dont les règles générales dominent toutes la matière des contrats. L'article 1112 nous apprend à quel caractère on doit reconnaître la violence. Il faut qu'elle soit capable de faire impression sur une personne raisonnable et lui inspirer la crainte d'exposer sa personne ou sa fortune à un mal considérable et présent. La seule crainte révérentielle , dit l'article 1114 , envers le père la mère ou tout autre ascendant ne peut jamais suffire pour annuler le mariage (2).

L'article 180, en disant qu'il y avait matière à nullité

(1) Art. 145, Code Nap.
(2) Duranton, T. 2, n° 47 — Demolombe, T. 3, n° 268.

du mariage, lorsque l'on constatait une erreur dans la personne, a soulevé une très grande controverse. Le mot personne désignait-il simplement la personne physique ou bien devait-il être étendu à la personne civile et sociale? La généralité des auteurs pensent que le sens de la loi doit être étendu, mais pourtant je dois dire que toute erreur sur la personne civile ou sociale de l'un des époux n'est pas toujours une cause de nullité du mariage, et que la question de savoir dans quels cas il y a erreur dans la personne, dépend des circonstances.

A côté du consentement des conjoints, la loi a placé le consentement des parents qui, dans une certaine période, est une condition essentielle de la validité du mariage ; dans un autre, au contraire, se change en conseil. Le législateur, en effet, ne pouvait pas permettre qu'un enfant accomplit l'acte le plus important de la vie civile, sans recourir à ses parents pour leur demander l'appui de leurs lumières et de leur expérience.

Je disais donc que le législateur a tracé deux périodes dans cette matière. Dans la première, le consentement des parents est une condition *sine quâ non* de la validité du mariage (1). Le fils qui n'a pas atteint l'âge de vingt-cinq ans accomplis, la fille qui n'a pas atteint l'âge de vingt-un ans accomplis, ne peuvent contracter mariage sans le consentement de leur père et mère. Le motif de cette différence, est que la nature se développe plus rapidement dans celle-ci que dans l'autre (2). En cas de dissentiment, ajoute l'art. 148, le consentement du père suffit.

Dans la deuxième période les enfants doivent demander, par un acte respectueux, le conseil de leur père et mère. L'art. 151 dit, que c'est à la majorité fixée par l'art. 148, que les enfants doivent remplir cette formalité. Les actes

(1) Art. 148.
(2) M. Portalis, proc.-verb. du Cons. d'Etat du 26 Fruct., an XII, Locré exp. du code civ. T. 2, page 67.

respectueux doivent être faits à tout ascendant qui, si l'enfant était mineur pour le mariage, serait appelé à donner son consentement. Depuis l'âge de vingt-cinq ans jusques à trente ans pour les hommes, de vingt-un à vingt-cinq pour les filles, trois actes respectueux sont nécessaires ; après cet âge, l'on peut passer outre à la célébration du mariage après une seule sommation. Ces actes doivent se faire de mois en mois : et un mois doit s'être écoulé après le dernier, pour pouvoir valablement se marier.

Il existe d'autres empêchements pour contracter valablement mariage, que ceux dont nous venons de nous entretenir. Les uns sont prohibitifs, les autres dirimants. L'examen de tous ces cas d'empêchements nous entraînerait en dehors de notre sujet, nous n'en examinerons que quelques-uns : l'existence d'un premier mariage, et la parenté ou l'alliance.

L'art. 147 du C. N. porte, que l'on ne peut contracter un second mariage avant la dissolution du premier. La bigamie est un empêchement dirimant, elle est même rangée en France au nombre des crimes ou délits publics, et punie d'une peine afflictive et infamante (1), à moins que le bigame ne puisse trouver une excuse tirée de sa bonne foi et de son ignorance. La prohibition portée par l'art. 147 frappe de même le Français sectateur d'un culte qui admet la polygamie.

La parenté ou consanguinité est une liaison qui peut être produite par la nature et par la loi ; de là, trois sortes de parenté, naturelle, civile, mixte. La première s'applique à la liaison que le sang et la nature ont mise entre les personnes descendant les unes des autres par une union non reconnue par la loi. La deuxième est formée par la loi civile, et résulte de l'adoption. La parenté mixte résulte des liens issus d'un mariage légitime. La parenté à un degré trop rapproché met obstacle au mariage : 1° En ligne directe, le mariage

(1) Art. 340, Cod. Pén.

est prohibé entre tous les ascendants et descendants légitimes ou naturels, et les alliés de la même ligne. 2° En ligne collatérale, le mariage et prohibé entre le frère et la sœur légitime ou naturelle, et les alliés au même degré (1).

L'art. 163 prohibe le mariage entre l'oncle et la nièce, la tante et le neveu, le grand-oncle et la petite-nièce (2); mais le gouvernement peut donner des dispenses pour ces sortes d'unions.

Des raisons de décence et d'ordre public ont fait défendre le mariage entre l'adoptant, l'adopté et ses descendants; entre les enfants adoptifs du même individu; entre l'adopté et les enfants qui pourraient survenir à l'adoptant; entre l'adopté et le conjoint de l'adoptant, et réciproquement (3).

La célébration du mariage doit être entourée d'une grande publicité, c'est pour cela que la loi exige que le mariage soit célébré publiquement (4); mais elle veut, en outre, qu'il soit annoncé par des publications et affiches (5). L'on comprend facilement pourquoi le législateur a voulu que le mariage fût entouré de cette grande publicité. Il intéresse d'abord la société; la loi devait donc le manifester, aux yeux de tous, d'une manière éclatante. Cette publicité provoque en outre la révélation des empêchements inconnus de l'oficier de l'état civil. Les personnes à qui la loi a conféré le droit de faire opposition sont en même de pouvoir l'exercer: la liberté des contractants est en outre garantie des abus de la clandestinité.

Tel est l'ensemble bien abrégé des règles du mariage, d'où découle la puissance paternelle: Nous allons étudier maintenant une deuxième cause d'acquisition, je veux parler de la légitimation.

(1) Art. 162, Cod. Nap.
(2) Avis du Cons. d'Etat, app. le 7 Mai 1808.
(3) Art. 318.
(4) Art. 165.
(5) Art. 166 et suiv.

Section II.

De la légitimation.

La légitimation est une fiction légale par suite de laquelle un enfant né hors mariage est assimilé à un enfant légitime.

Le Code Napoléon n'admet qu'un seul mode de légitimation : la légitimation par mariage subséquent, qui a passé du Droit romain dans le Droit Coutumier, comme nous l'avons vu, pour être ensuite adoptée par nos législateurs. Quant aux autres modes de légitimation admis par le Droit romain, le Code Civil les a rejetés (1).

La légitimation peut être appliquée à tous les enfants naturels, sous la seule exception des enfants adultérins et incestueux. L'art. 331 détermine ainsi ceux auxquels la légitimation peut s'appliquer. « Les enfants, nés hors mariage, autres que ceux nés d'un commerce adultérin ou incestueux, pourront être légitimés par le mariage subséquent de leur père et mère.

Pour que la légitimation soit possible, soutiennent certains auteurs (2), il faut qu'à l'époque de la conception de l'enfant, les père et mère aient pu se marier ; En ceci, les auteurs suivent les règles que Justinien avait posées dans ses Instituts (3), et qui étaient adoptées dans notre ancien Droit (4) par la plupart des auteurs, qui exigeaient que *lors des habitudes charnelles, que les parties ont eu ensemble, elles eussent été capables* de contracter alors mariage.

(1) Exposé des motifs ; Bizot-Préameneu (Locré lég., T. 0, p. 211 n° 50.
(2) Duranton, T. 3, n° 170 — Delvincourt T. 1, pag. 91, not. 8.
(3) § 13, de nuptiis.
(4) Pothier, du mariage, n° 411.

Ce système est condamné par la généralité des auteurs (1) et par la jurisprudence (2), qui n'admettent que deux empêchements dirimants : le premier, résultant de l'existence d'un premier mariage, le second, de la parenté ou de l'alliance. Pour apprécier à cet égard la possibilité de la légitimation, il faut se rapporter à l'époque de la conception, et non à celle de la naissance. Le Code Napoléon s'est prononcé à cet égard d'une manière formelle contre le système suivi dans le Droit romain. C'est ce qui résulte des expressions de l'art. 321, « autres que ceux nés d'un commerce incestueux ou adultérin. » Ainsi donc, l'obstacle de ceux de la nature indiquée dans le texte existe-t-il à l'époque de la conception, aurait-il disparu à l'époque de la naissance, empêche toute légitimation ; dès-lors, l'enfant issu d'un commerce incestueux ne saurait être légitimé par le mariage que ses père et mère auraient contracté avec des dispenses ; ces dispenses n'empêchent pas que l'enfant ne soit né d'un commerce illicite. Il n'y a pas de discussion sur ce point. Il en sera de même dans le cas d'un commerce adultère à l'époque de la conception, quoique à la date de la naissance les père et mère fussent libres de se marier. M. Demolombe (3), pour reconnaître si la conception de l'enfant est entachée d'adultérinité, suit le système de présomption établi par l'art. 312 et suivants.

La légitimation peut s'opérer (4) après le décès d'un enfant naturel au profit de ses enfants légitimes. Ces derniers, par le mariage de leurs aïeuls ou aïeules, se trouvent placés dans la même position que si l'enfant naturel, dont ils sont issus, avait été légitimé de son vivant. Cette légitimation ne peut avoir lieu au profit des enfants naturels. On sait, en effet, qu'aux yeux de la loi, il n'existe aucun

(1) Merlin mer. sect. 202, 408 — Demolombe T\ 5, n° 315 — Dallez rep. v° eat. et fil., n° 452.

(2) Bourges, 14 mars 1807 — Civ. rej. 22 Janvier 1812. Sir. XII, I, 161.

(3) Demolombe, T. 5, n° 551.

(4) Art. 332.

lien de parenté entre eux et les ascendants de ses père et mère.

Comme je le disais plus haut, la légitimation est une fiction légale en vertu de laquelle, les enfants légitimes ont les mêmes droits que s'ils étaient nés d'un véritable mariage. Seulement elle ne produit pas d'effets rétroactifs, elle ne prend date et n'a des conséquences légales qu'à partir du mariage. Ainsi l'enfant légitimé est exclu des successions collatérales qui se sont ouvertes avant le mariage de ses père et mère (1).

D'après l'ordonnance de 1731, art. 39, la légitimation avait pour effet d'opérer la révocation des donnations entre-vifs, comme la survenance d'un enfant légitime, que la naissance de l'enfant naturel eût précédé ou suivi la donation, il n'en est plus de même aujourd'hui.

L'art. 960 porte que la donation ne sera révoquée par suite de la légitimation d'un enfant naturel, que si sa naissance à suivi la donation. Cette légitimation en effet, n'est pas un événement imprévu, le donateur savait fort bien qu'il pouvait légitimer son enfant.

L'adoption n'est pas, comme dans le droit romain, une cause d'acquisition de la puissance paternelle. L'adoption, en effet, ne peut avoir lieu d'après l'art. 346, qu'au moment où la puissance paternelle cesse d'exister. D'un autre côté, l'art. 348 dit, que l'adopté reste dans sa famille naturelle et y conserve tous ses droits.

(1) Toullier, 2, 930 — Duranton III, 183.

CHAPITRE II

Effets de la puissance Paternelle sur les personnes

———

Ce sera toujours une des gloires des auteurs de notre Code civil, d'avoir dégagé la puissance paternelle de tous les embarras dont nous l'avons vue entourée, et d'avoir défini clairement, les droits et attributs respectifs des parents et des enfants sur cette matière.

Loin d'être comme dans le droit romain purement civile, réservée seulement à une classe privilégiée de personnes, érigée en faveur du chef de famille, investissant d'une autorité sans bornes, loin d'être encore comme dans le droit coutumier, pour ainsi dire une simple tutelle, suivant les règles du droit naturel, nos législateurs ont fait de la puissance paternelle un tout homogène, tirant sa vie d'une double origine, du droit naturel et du droit civil, alliant à la fois les attributs d'une vrai puissance et ceux de la tutelle érigée en faveur du père, comme en faveur de l'enfant et aussi un peu de l'État. Ce n'est pas un mince éloge à leur faire, de leur rendre ainsi justice d'avoir règlementé cette puissance au sortir de la révolution et d'avoir su garder une juste mesure dans leurs lois, quand tout les poussait à la réaction.

La puissance paternelle, ai-je dit, a été instituée en

faveur de trois classes de personnes, l'enfant, le père et l'Etat. L'enfant, en effet, ne trouve-t-il pas son avantage à se trouver sous cette puissance et n'a-t-il pas besoin à son âge d'un guide et d'un protecteur pour le préserver de tout les dangers qui peuvent l'assaillir au début de sa carrière ?

N'est-ce pas un devoir sacré pour les parents de veiller sur leurs enfants, de les élever, de leur donner une éducation proportionnée à leur position et à leur fortune, ne doivent-ils pas savoir mieux que tout autre, les conduire dans la vie et leur fournir les moyens de se subvenir à eux-mêmes ? A côté de ces charges et de ces devoirs, nous verrons les avantages que leur accorde la loi.

L'Etat gagne aussi à la bonne organisation de la famille; c'est en effet, au foyer domestique, que se forment les bons citoyens par les modèles de toutes les vertus, et par les exemples qu'ils sont appelés à suivre.

SECTION I.

Devoirs des enfants envers leurs parents.

Dans le premier article qu'il a édicté sur la puissance paternelle, le législateur s'est inspiré de ce fameux précepte du Deutéronome « *Honora patrem tuum et matrem tuam,* » et lorsqu'il l'a placé en tête du titre de la puissance paternelle, il a voulu qu'il fût, pour ainsi dire la base de l'édifice qu'il allait élever.

Quoique cet article ne contienne pas de dispositions législatives, il indique parfaitement les devoirs qui sont imposés aux enfants en cette qualité. M. Bigot Préameneu lisait cette déclaration devant le conseil d'Etat : « Cet article, disait-il, contient le principe dont les autres ne font que développer et fixer les conséquences, et deviendra en beaucoup d'occasion, un point d'appui pour les juges. » De cet article, en effet, découle cette règle, que l'enfant ne peut pas exercer la contrainte par corps contre ses père et mère (1). La loi de 1832 art. 15, vint plus tard confirmer la jurisprudence, cet article dit, en effet, 1° la contrainte par corps n'est jamais prononcé contre le débiteur au profit...... 2° de ses ascendant, descendants, etc., etc. Les législateurs de 1832 n'ont fait que confirmer les conséquences de l'art. 371.

C'est aussi en vertu de l'art. 371, que les art. 205 et 207 ordonnent aux enfants de fournir des aliments à leurs parents qui sont dans le besoin.

De nombreuses décisions de la jurisprudence existent sur ce point.

Il a été jugé qu'un enfant devait donner des aliments à son père, alors même qu'il était prouvé que celui-ci n'avait point d'infirmités qui l'empêchaient de pourvoir à sa subsistance (2). Ce droit est tellement sacré, qu'alors même que l'enfant n'aurait rien reçu de ses père et mère, il est obligé de les secourir dans leur détresse. Les tribunaux sont juges de la quotité de la pension alimentaire, et la fixent d'après l'état de fortune des enfants, elle peut être augmentée ou diminuée, selon leur position. L'art. 205 recevait aussi exécution, lorsque le père avait été condamné à une peine emportant mort civile.

L'enfant est tenu d'obtenir, jusqu'à un certain âge, le consentement de ses parents pour contracter mariage. L'art. 148 veut, en effet, que le fils qui n'a pas accompli sa vingt-cinquième année, et la fille qui n'a pas atteint l'âge de vingt-un an accomplis, ne puissent se marier sans l'assentiment de leur père et mère. Cette approbation n'est plus nécessaire comme autrefois, en vertu de la puissance souveraine que le père exerçait à Rome sur toute sa famille

(1) Bastia, 31 août 1826.
(2) Colmar 13 Fév. 1813.

elle est due en vertu d'un principe plus respectable, dont l'art 371 pose les premisses la déférence et le respect dus aux parents. Ce principe subsiste toujours, même après la majorité fixée par l'art. 148, un acte dit respectueux vient toujours avertir les parents de l'intention des enfants (1). Le décret (2) par lequel la fille mineure est tenue de présenter le consentement de ses père et mère, pour entrer dans un couvent, est une conséquence de l'art. 371. Il en est de même pour l'enfant âgé de moins de vingt-cinq ans, qui veut entrer dans les ordres sacrés.

Il faudrait bien se garder (3) de vouloir exagérer la portée de l'art 371, et de créer des prohibitions que la loi n'a pas édictée, sous prétexte qu'elles violeraient cet article. Il faut être à cet égard d'une prudence extrême, dans le doute seulement les tribunaux doivent s'inspirer de l'art. 371. M. Duranton (4), pose en principe, que jamais l'enfant ne peut intenter contre ses père et mère une action déshonorante. et il s'appuie pour étayer son argumentation. sur l'art. 380 du Code pénal. Au premier coup d'œil, la lecture de cet article paraît militer en faveur de l'opinion que soutient cet auteur. L'art 380, en effet, limite le droit pour l'enfant qui a souffert d'un délit de ses père et mère, à demander simplement des réparations civiles. Je suis prêt à me ranger à l'opinion que soutient ce jurisconsulte, s'il peut me prouver qu'une action civile intentée dans certaines conditions, ne déshonore pas la personne contre laquelle elle est exercée, et, si devant la prohibition de l'art. 380, une condamnation pécuniaire n'entraînera pas le déshonneur pour le père ou la mère, qu'une condamna-corporelle n'aura pu atteindre. Si la plainte de l'enfant tombe sous l'application des art. 344 et 311 du C. p. n'aura-t-elle pas pour effet immédiat, de conduire ses père et

(1) Art. 151, 152, 153, C. C.
(2) Décr. 18 Févr. 1807, art. 7.
(3) Demolombe, T. 6, page 215.
(4) T. 3, n° 340

mère devant les tribunaux criminels ? L'enfant n'aura-t-il pas encore le droit lorsqu'il est victime d'un vol commis par ses père et mère, de leur demander des dommages intérêts ? cette action ne ternira-t-elle pas leur honneur ? Il faut donc bien se garder dans cette question comme dans toute autre de trancher directement; l'art 371 doit être pour les juges qui sont dans le doute, un guide dont ils doivent s'inspirer (1).

C'est toujours en vertu de la puissance paternelle prise dans une acception étendue que les enfants n'ayant pas vingt-cinq ans accomplis, doivent avoir le consentement de leurs parents pour se donner en adoption (2).

SECTION II.

Devoirs des parents envers leurs enfants.

Une des premières obligations qu'impose le mariage aux pères et mère, est celle de nourrir, d'entretenir et d'élever leurs enfants (3). « Les époux contractent ensemble par le fait du mariage, l'obligation de nourrir, entretenir et élever leurs enfants. » Quoique cet article ne parle que des pères et mères, je crois que les tribunaux peuvent, en restant juge des circonstances, obliger les ascendants à fournir des aliments à leurs petits enfants.

L'étendue de cette obligation comprend de fournir tout ce qui est nécessaire à la vie, la nourriture, le logement, les vêtements, l'éducation (4). Ces obligations ne sont pas

(1) Valette sur Proud'hon T. 2, p. 298 — Taulir T. 1, pag. 475.
(2) Art. 346.
(3) Art. 203.
(4) La puissance paternelle est d'origine civile et naturelle, l'éducation des enfants est dès lors pour les parents une obligation. (Lyon, 16 mars 1825.)

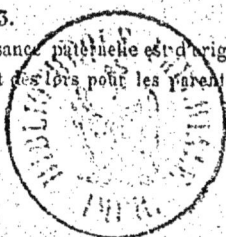

7.

un droit fixe, elles doivent au contraire être proportion-
nées à la position, au rang, à la fortune des parents. Les
tribunaux sont juges d'apprécier leur quotité. C'est ainsi
que s'exprime l'art. 208. « Les aliments ne sont accordés
que dans la proportion du besoin de celui qui les réclame,
et de la fortune de celui qui les doit. » C'est donc au magistrat à restreindre ou à étendre ces obligations suivant les
circonstances. Ainsi dans les classes pauvres, la seule
obligation des pères et mères consiste à mettre les enfants
en état de travailler et de pouvoir suffire un jour à leur
propre existence. Lorsque l'enfant est hors de la maison
paternelle, ces secours doivent se changer en pension alimentaire. Mais il arrive quelquefois (la pratique nous en
donne des exemples) que les parents sont dans l'impossibilité de fournir à leur enfant cette pension : L'art. 210 à
prévu ce cas de trop grande misère et n'a pas voulu laisser
l'enfant sans secours. « Si la personne, dit-il, qui doit
fournir des aliments, justifie qu'elle ne peut payer la pension alimentaire, le tribunal pourra ordonner qu'elle rece-
vra en sa demeure, qu'elle nourrira et entretiendra celui
auquel elle devra des aliments.

L'art. 211 permet aux tribunaux d'apprécier la demande
faite par les parents d'accueillir l'enfant dans leur maison
et de remplacer ainsi la pension alimentaire, qu'ils sont
obligés de lui faire. L'enfant de son côté peut prouver par
témoins que la vie dans la maison paternelle lui est insup-
portable par suite de mauvais traitements, pour que la
pension lui soit fournie en dehors (1).

Les enfants issus de parents qui occupent une position
élevée, ont aussi plus de droits à demander et lors même
que leur éducation est terminée et qu'ils ont atteint leur
majorité, les secours qu'on leur accorde doivent être plus
étendus.

L'éducation physique et morale des enfants, tel est le but

(1) Aix, 5 août 1807.

de la famille. Les pères et mères doivent leur inculquer tous les principes capables d'en faire des citoyens honorables, ils doivent les former, les préparer à tenir dignement leur place dans la société qui les attend. Eux seuls sont juges du genre d'éducation à donner à leurs enfants, de la carrière dans laquelle ils doivent les inviter à entrer. Ce n'est pas une médiocre responsabilité que le père de famille assume ainsi sur sa tête.

Le législateur ne pouvait pas régler tous les attributs de la puissance paternelle, il a dû s'en rapporter, aux mœurs, aux usages, aux habitudes de famille et surtout à la tendresse des parents. En chargeant de ces devoirs le chef de la famille, le législateur devait lui donner certains pouvoirs sur ses enfants, pouvoirs sans lesquels toute direction aurait été impossible. La puissance paternelle est le moyen que la loi a employé à ce but. L'autorité sous laquelle est placé l'enfant (1), est la sanction de l'art 371, qui ne pose que des principes généraux.

SECTION III.

Des personnes qui exercent le droit de puissance.

Aux termes de l'art. 372, l'enfant reste « sous l'autorité de ses père et mère jusqu'à sa majorité ou son émancipation. » Le législateur ne fait pas de distinction entre le père et la mère, il faut dès-lors en conclure que la puissance paternelle est commune à tous deux. Est-ce à dire pour cela que la mère pourra l'exercer concurremment avec le père? Évidemment non : la loi n'a pas voulu faire une division de pouvoirs qui aurait pu aboutir à l'annihi-

(1) Art. 372.

lation de l'autorité du père, aussi déclare-t-elle (1) que le père seul exerce cette autorité pendant le mariage. Que devient alors la disposition de l'art. 372, le législateur n'a-t-il accordé un certain pouvoir à la mère que pour le lui enlever bientôt après? Non : il faut distinguer le droit en lui-même et l'exercice de ce droit. Le droit, elle le possède certainement, mais au point de vue de l'unité de direction. il fallait nécessairement le soumettre à celui du père de famille. Du reste, en sa qualité d'époux, il a une certaine puissance sur la femme (2), à plus forte raison doit-il l'avoir sur ses enfants. Quant à l'exercice, la femme ne peut l'avoir qu'à défaut du père et par survivance. A défaut du père, lorsque celui-ci se trouve dans l'impossibilité morale ou physique d'exercer son autorité, qu'il est interdit ou absent, soit déclaré, soit simplement présumé. Par qui, en effet, la puissance paternelle serait-elle mieux exercée à défaut du père que par la mère? Il ne peut pas exister de controverse possible devant un article formel. L'art. 141 accorde, en effet, à la mère dont le mari a disparu, tous les droits de ce dernier sur ses enfants, quant à leur éducation et à l'administration de leurs biens.

Ainsi, l'exercice de la puissance paternelle s'ouvre pour la mère par le décès du père, par son interdition légale (3), par l'effet d'une condamnation judiciaire emportant privation spéciale des droits de puissance paternelle (4), par l'interdiction pour cause de démence, etc., etc. A défaut du père ou de la mère, l'enfant ne devient pas libre, *sui juris*, comme dans la loi romaine, la puissance paternelle ne s'éteint pas toute entière ; ainsi, nous voyons le droit de consentir au mariage passer aux ascendants, et à leur défaut, au conseil de famille.

(1) Art. 373.
(2) Art. 213.
(3) Art. 28, c. c. 29, c. p.
(4) Art. 335, c. p.

En vertu de l'art. 6 et 1388. L'on ne peut déroger en rien aux droits de puissance paternelle, qui appartiennent au mari comme chef de la famille, et une clause insérée dans ce sens, dans un contrat de mariage, doit être déclarée nulle et de non valeur. Dans nos pays du Midi, quand une union est projetée entre deux personnes d'une religion différente, l'on a l'habitude d'insérer dans le contrat de mariage, une clause par laquelle il est stipulé que les enfants mâles suivront la religion du père, les filles, au contraire, celle de la mère.

Cette clause est-elle valable? Messieurs Rodière et Pont (1), se sont fait les défenseurs de l'affirmative. Dans leur système, ces deux savants commentateurs soutiennent que l'art. 203 impose à la mère autant qu'au père, l'obligation d'élever ses enfants : elle ne doit pas dès-lors être privée d'un droit qui en est le corrélatif nécessaire : l'obéissance due par la femme, ne saurait préjudicier à ses devoirs de conscience : en cas de dessentiment, les tribunaux devraient en connaître.

Les partisans de la négative soutiennent qu'il est impossible d'admettre que les pères et mères puissent, par des conventions particulières, modifier un système, tel que la puissance paternelle, qui est d'ordre public et organisé avec tant de sollicitude par le législateur. Ils font remarquer que le premier système a négligé de répondre à l'objection tirée des art. 6, 1388, et surtout 373 du Code Napoléon.

Ce dernier article donne au père seul, le droit exclusif de direction sur ses enfants. Quant à l'obligation de la mère, tirée de l'art. 203, elle est imposée pour l'éducation, comme pour la nourriture et l'entretien, sous la direction du mari. En cas de dissentiment sur ce point, les tribunaux sont les seuls juges, et lorsqu'ils sont appelés à se pro-

(1) T. I, n° 57.

noncer sur des prétentions rivales, ils ne peuvent avoir d'autres guides que la loi qui est formelle sur ce point.

Le premier système reconnaît, en outre, que s'il n'a rien été stipulé à ce sujet dans le contrat de mariage, la femme est censée consentir à ce que les enfants soient élevés dans la religion du mari. Mais comment comprendre que le droit de la mère soit subordonné à une convention, puisqu'il est le corrélatif de l'obligation à elle imposée par l'art. 203, et d'un devoir de conscience qui l'affranchit de la puissance maritale. M. Demolombe, signale, en outre, l'impossibilité d'assurer l'exécution efficace d'une pareille convention. Comment empêcher le père d'élever ses enfants dans la religion qui lui paraît la meilleure et la plus vraie? On ne pourrait être sûr de l'exécution de cette clause qu'en le privant de toute direction, de toute puissance. Cela est impossible: une pareille clause ne peut que lier moralement (1).

Nous avons vu que pendant le mariage, le père seul a le droit d'éducation sur ses enfants; mais si nous supposons, qu'après la dissolution du mariage, la mère se remarie, et qu'elle soit privée de la tutelle : sera-t-elle chargée toujours de l'éducation? La Cour de Lyon (2) a décidé que dans le cas où la mère était privée de la tutelle, il appartenait au tuteur et au conseil de famille de veiller sur les enfants, et en cas de désaccord entre la mère et le tuteur, la volonté de celui-ci devait l'emporter. Je crois, pour ma part, que les tribunaux doivent être les juges d'apprécier si la mère, quoique destituée de la tutelle, doit, dans l'intérêt de l'enfant, être chargée de son entretien et de son éducation, ou si, au contraire, la personne de celui-ci, doit lui être enlevée pour être remise au tuteur. Il en est de même en cas de séparation de corps : les tribunaux consi-

(1) Demolombe, T. VI, p, 226. — Duranton, t. XIV, n° 24. — Marcadé, art. 1389, n° 3, etc.
(2) 5 avril 1827.

dèrent toujours l'intérêt de l'enfant pour le choix de ses
gardiens (1), ils ont à cet égard un pouvoir souverain,
ils peuvent même confier l'enfant à un tiers.

Après avoir vu quelles sont les personnes qui exercent la
puissance paternelle, nous allons étudier quels sont les
droits dévolus à cette puissance relativement à la personne.
Le code ne pouvait pas définir juridiquement tous les attributs de la puissance paternelle, il n'a réglementé que
les deux principaux. Le droit de garde et de résidence, le
droit de correction.

Section IV.

Du droit de garde et de résidence.

Puisque le législateur imposait aux pères et mères le
devoir et l'obligation de nourrir, d'entretenir et d'élever
leurs enfants, il fallait qu'il leur donnât en même temps
le moyen d'arriver au but qu'il leur indiquait, et certains
pouvoirs qui fussent la sanction de ses devoirs. Telle est
l'origine des divers droits dont nous allons actuellement
nous occuper.

L'art. 372 ne règle que la durée de l'autorité à laquelle
l'enfant est soumis, laissant aux mœurs, aux usages, le
soin d'en tirer les conséquences. L'art. 374 définit et règle
cette autorité. « L'enfant ne peut quitter la maison paternelle sans la permission de son père, si ce n'est pour enrôlement volontaire, après l'âge de dix-huit ans révolus. »
Cet article fut modifié dans la suite, par la loi du
21 Mars 1832, sur le recrutement de l'armée, qui recula
jusques à l'âge de vingt ans, la nécessité du consentement

(1) Caen, 19 juin 1807. — Requête, 28 juin 1813.

des pères et mères ou tuteur, pour l'enrôlement. En vertu de l'art. 374, l'enfant ne peut pas quitter sans la volonté de son père, le lieu où il a été placé en résidence, que ce soit la maison paternelle, la maison où il fait son éducation, l'atelier où il fait son apprentissage. La seule exception à cette règle, est celle de l'art. 374, modifié par la loi de 1832. On voit l'atteinte grave, portée à l'autoritée paternelle, mais l'intérêt public, dit Pothier, l'emporte alors sur l'intérêt particulier des pères et mères (1).

Quels sont les moyens accordés au père pour faire respecter son autorité? La loi est muette sur ce point, il faut croire, dès-lors, que le droit commun régit cette matière.

Si l'enfant quitte la maison paternelle, le père a le droit de le faire rentrer dans son domicile *manu militari* et il n'a pour exercer ce droit qu'à présenter une requête, à bref délai au président du tribunal. Il est inutile que le père obtienne cet ordre d'arrêt par jugement, le président doit être compétent, puisqu'il peut exercer un droit plus grave, signer l'ordonnance de détention (2).

Si l'enfant réintégré au domicile paternel, est en butte à de mauvais traitements, quels moyens aura-t-il pour s'y soustraire? L'enfant évidemment ne peut pas se créer une résidence, il devra par conséquent s'adresser à la justice, pour qu'elle lui en désigne une. La Cour de Caen (3) a jugé qu'une fille mineure qui avait abandonné la maison paternelle pour cause de mauvais traitements, sans s'être au préalable adressé à la justice, devait avant tout être réintégrée dans le domicile paternel, sauf ensuite à faire valoir ses griefs. Je crois que dans un cas pareil, toutes les Cours ne jugeraient pas dans le même sens, et qu'elles devraient plutôt, si tant elles estiment que l'une et l'autre

(1) Des personnes part. I, t. VI, sect. II.

(2) De Belleyme, ordon. sur requête, t. I, p. 47. — Chardon, des trois puissances, t. II, n° 25.

(3) 31 décembre 1811.

des parties doivent être ménagées, désigner provisoire-
ment un lieu de résidence, autre que le domicile paternel.

SECTION V.

Droit de correction.

§ 1er.

Droit de correction exercé par le père.

Le législateur, en accordant un droit de correction au
père, n'a pas voulu parler du droit de châtier les enfants
pour les fautes légères, mais de ce droit de punir par des
peines dont la sanction est dans l'autorité publique, les
fautes graves que l'enfant peut commettre. Mais ce droit
qui va jusqu'à la détention pour un temps, il est vrai,
limité, ne peut être exercé, que sauf le concours du
magistrat, parce que tout ce qui touche à la liberté des
citoyens, sort des bornes du droit privé. Le droit de correction est gradué suivant les circonstances. Il s'exerce
tantôt par voie d'autorité, tantôt par voie de réquisition.
Dans l'action par voie d'autorité le magistrat n'est que
simple sanctionnateur des volontés du père de famille;
dans l'autre, au contraire, le magistrat est tenu d'examiner
les circonstances dans lesquelles se produit l'action, et
tout en respectant l'autorité du père de famille, de peser
avec impartialité, s'il est de toute justice de tenir compte
de la demande. L'art. 375 s'exprime ainsi : « le père qui
aura des sujets de mécontentement très graves sur la
conduite d'un enfant, aura les moyens de correction suivants. » Ainsi la loi veut que les causes de la détention

soient très graves ; elle ne les indique pas, elle laisse la sagesse et l'impartialité du père, juge de la justice et de l'opportunité des moyens de correction.

D'après l'art. 376, si l'enfant est âgé de moins de seize ans, commencés, le père peut le faire détenir en vertu de sa propre autorité, mais pendant un temps, qui ne peut excéder un mois : à cet effet, le président du tribunal doit, sur sa demande, délivrer l'ordre d'arrestation. Le magistrat n'intervient, que pour la légalisation de la volonté du père. Celui-ci est libre de donner les motifs qu'il veut pour justifier la détention. Le père, en un mot, est juge souverain, à la condition par lui de souscrire une soumission de payer tous les frais, et de fournir des aliments convenables (1). Diverses circonstances peuvent enchaîner le pouvoir du père et le limiter : ainsi, par exemple, lorsque le père est remarié, que l'enfant a des biens personnels, qu'il a un état, la voie de la réquisition est seule ouverte.

Lorsque le père agit par voie de réquisition, « il s'adresse au président du tribunal qui, après en avoir conféré avec le Procureur impérial, délivrera l'ordre d'arrestation ou le refusera, et pourra, dans le premier cas, abréger le temps de la détention requis par le père (2), qui ne peut pas dépasser six mois. » Le magistrat n'intervient plus pour la légalisation de la volonté du père, c'est lui qui est juge de la détention. Le père est obligé d'exposer ses griefs que le président est appelé à apprécier, et lorsque les réquisitions sont trop fortes, dans le cas où la détention est ordonnée, il peut suivant les circonstances en diminuer la durée.

La seule voie de la réquisition est ouverte au père dans les quatre cas suivants : 1° Lorsque l'enfant a seize ans accomplis, jusqu'à sa majorité ou son émancipation ; 2° que

(1) 378.
(2) Art. 377.

le père est remarié ; 3° que l'enfant a des biens personnels ;
4° qu'il a un état.

1° Lorsque l'enfant a plus de seize ans accomplis, l'article 377 décide que le père pourra réquérir la détention de son enfant, pendant six mois au plus. Il était de toute justice, de ne pas laisser l'enfant, commençant à avoir un certain âge, complètement à la merci de son père, surtout quand une détention plus forte pouvait être appliquée. Les fautes à raison de l'âge pouvaient être plus graves, il était dès-lors de toute nécessité que le pouvoir modérateur du juge s'interposât entre le père et le fils.

L'art. 380 présente encore une hypothèse, qui limite avec juste raison le pouvoir du père à l'égard du droit de correction.

Lorsque le père est remarié, il est tenu pour faire détenir son enfant du premier lit, d'agir par voie de réquisition.

La prudence du législateur a craint, que l'influence d'une marâtre sur son mari, et que la faiblesse de celui-ci n'altérât les vrais sentiments du père pour ses efants. Mais si le père a perdu sa nouvelle femme, recouvre-t-il le droit d'agir par voie d'autorité? Dès le moment que le motif qui a fait édicter au législateur l'art. 380 disparaît, je crois que le père droit recouvrer tous ses droits sur l'enfant : la loi, en effet, n'a plus à redouter des dispositions peu bienveillantes et quelquefois hostilles envers les enfants d'un premier lit (1).

M. Demolombe (2) est d'un avis contraire. L'art. 380, dit-il, est formel : le père qui s'est remarié ne peut plus faire détenir son fils par voie d'autorité ; or il n'y aucun texte qui rende au père le droit qu'il a perdu, à la dissolution du mariage, on doit conclure dès lors que la loi a voulu

(1) Proudhon, t. II, p. 246. — Toullar, t. II, n° 1058. — Duranton, t. III, n° 555, etc.
(2) Demolombe, t. VI.

maintenir son incapacité. On peut objecter à ce système, une première raison tirée du texte même de la loi. L'art. dit en effet : si le père est remarié, c'est-à-dire s'il est en état de mariage. Si la nouvelle union qu'il contractée est dissoute, la position n'est plus la même, les mêmes motifs d'incapacité n'existent plus, l'adage romain est dès lors applicable, « *cessante causâ, cessat effectus*. » M. Mercadé dit très-bien, et avec raison « un second veuvage donne la même liberté, la même indépendance qu'un premier, aussi le texte et comme lui tous les passages des travaux préparatoires, ne parlent que de l'époux qui est *remarié*, des parents qui sont *remariés* et jamais de celui qui s'est *remarié*, ou de ceux qui se sont *remariés*.

3° et 4° Le père d'après l'art. 382, doit agir par voie de réquisition, lorsque l'enfant a des biens personnels ou un état.

Le premier motif ne se trouve pas pleinement justifié.

Le consul Cambacérès, disait que si l'enfant avait le malheur d'avoir pour père un dissipateur, celui-ci chercherait à le dépouiller, qu'il se vengerait de lui s'il refusait, et qu'il lui ferait peut-être acheter sa liberté. Mais, comme le fait observer M. Demolombe, l'enfant soumis à la puissance paternelle n'a pas, comme nous le verrons plus tard, l'administration de ses biens. Ce ne peut être dès lors les motifs qu'exprimait Cambacérès, qui ont inspiré la loi. Quels sont-ils? On est obligé de faire des raisonnements hypothétiques, de dire, par exemple, que l'enfant propriétaire de certains biens a une certaine position dans la société, que dès lors il mérite plus d'égard. Lorsqu'un enfant exerce un état, l'on doit être plus prudent dans l'emploi des moyens de correction, une détention, en effet, légèrement ordonnée peut nuire à sa réputation.

De la combinaison des art. 380, 381, 382, avec l'art. 377, il a surgi une difficulté, qui a donné lieu à une controverse que je crois utile d'étudier. On s'est demandé, si la durée de la détention devait être appliquée dans les cas prévu par les art. 380 et suiv., dans la même latitude que pour l'art. 377.

Un premier système, que je n'hésite pas à adopter, et qui ne recherche pas l'intention du législateur, se prononce pour la négative. Ce système se fonde sur l'opposition qui existe entre l'art. 376 et 377.

Le premier déclare que l'enfant âgé de moins de seize ans, ne pourra être détenu sur l'ordre de son père que pendant une période d'un mois : le deuxième art. au contraire prolonge le maximum de la peine à six mois, pour l'enfant âgé de plus de seize ans. Les art. 380 et suiv. qui s'en référent dans des circonstances spéciales à l'art. 377, ne l'ont pas adopté complètement : la preuve en est dans l'art. 382, qui prescrit d'employer la forme de l'art. 377. lorsque l'enfant au dessous de seize ans a des biens personnels ou un état. Ce n'est donc que la manière de procéder que les législateurs ont voulu indiquer en se référant à l'art 377.

L'âge donc doit toujours être considéré pour la durée de la détention. Si l'on adoptait l'opinion contraire, ce serait quelquefois un malheur pour l'enfant de se trouver compris dans les except. de l'art. 380 et suiv., et l'enfant qui aurait un état par exemple, s'il était au-dessous de seize ans, pourrait être condamné à six mois ; s'il était oisif au contraire, sa détention ne pourrait durer qu'un mois. Dans le premier cas on le détiendrait plus longtemps au préjudice de son avenir peut-être, dans la deuxième hypothèse, on abrégerait la détention pour le rendre plutôt à l'oisiveté : le résultat est inadmissible (1).

Dans le deuxième système soutenu par M. Dalloz, il est fait remarquer que l'on ne tient pas assez compte de la différence des pouvoirs qui statuent dans les art. 380 et suiv., ce n'est plus le père en effet, mais le magistrat qui juge,

_____

(1) Marcadé, art. 582, n° 4. — Demolombe, t. VI, p. 246. — Messé et Vergé sur Zachariae, p. 567.

dès lors celui-ci ne saurait être lié par un article (1) qui ne le concerne pas. Le magistrat est souverain appréciateur et ce qui le démontre, c'est qu'il est libre d'abréger le temps de la détention demandé par le père. MM. Dalloz ne peuvent point pourtant dénier au premier système les qualités de haute raison qui lui appartiennent, il se contentent de dire que MM. Demolombe et Marcadé, n'ont pas saisi la véritable pensée du législateur.

L'enfant détenu par voie de réquisition, dit l'art. 382, pourra adresser un mémoire au procureur général près la Cour impériale : Celui-ci se fera rendre compte par le procureur impérial, et fera son rapport au président de la Cour, qui après avoir donné avis au père, et après avoir recueilli tous les renseignements, pourra révoquer ou modifier l'ordre délivré par le président du tribunal. Ce recours n'est pas suspensif de la peine. Cette opinion, qui est celle du rapporteur de la loi au tribunat, ressort clairement du texte. Cette voie est-elle seulement spéciale aux cas énoncés dans l'art. 382 dont elle est la suite? M. Marcadé soutient l'affirmative et il fonde son opinion sur les travaux préparatoires, mais les arguments qu'il tire de cet examen, ne peuvent détruire les excellentes raisons que fournit M. Demolombe pour le système adverse. Cet auteur se demande comment l'on peut motiver les différences que l'on soulève. L'enfant qui aurait des biens pourrait se pourvoir contre la décision du président, et celui dont le père s'est remarié ne le pourrait pas. L'on est dans l'impossibilité d'expliquer ces distinctions. Le père de son côté a-t-il un recours aussi bien que l'enfant? La loi est muette sur ce point, elle n'accorde de recours qu'à l'enfant. Il faut dès lors en conclure que le père n'en a pas. Mais si, par exemple, le père remarié était redevenu veuf et qu'il voulût agir en vertu de l'art. 376, que le président, au contraire, lui déniât ce droit en vertu des articles 377 et 380, il y aurait lieu à un règlement qui devrait se faire devant le tribunal.

Dans le cas de détention par voie de réquisition, comme dans celle par voie d'autorité, il ne doit y avoir aucune écriture, aucune formalité judiciaire, si ce n'est l'ordre d'arrestation dans lequel les motifs ne doivent pas être énoncés.

Le droit de grâce est un des attributs de la puissance paternelle : Le père est d'ailleurs le meilleur juge de l'enfant. Mais si après sa sortie, l'enfant tombe dans de nouveaux écarts, la détention peut être de nouveau ordonnée de la même manière que nous l'avons expliqué.

§ 2.

Droit de correction exercé par la mère.

Nous lisons dans l'art. 381, relatif aux droits de la mère : « la mère survivante et non remariée, ne pourra faire détenir un enfant, qu'avec le concours des deux plus proches parents paternels, et par voie de réquisition conformément à l'art. 377. » Ainsi, d'après cet article, la mère remariée est privée de la puissance paternelle, elle ne peut ni par voie d'autorité, ni par voie de réquisition demander la détention de l'enfant. Partout, chose singulière, cette disposition est à peu près détruite par l'art. 468, qui permet au tuteur, qui a de graves motifs de mécontentement sur la personne de son pupille, de porter plainte au conseil de famille, qui, lorsqu'il l'autorise, lui permet de provoquer la détention de l'enfant, conformément aux dispositions du titre de la puissance paternelle. Or, les art. 395 et 390 permettent au conseil de famille de conserver la tutelle à la mère qui se remarie, et de conférer le titre de cotuteur au mari : dès lors, comme le fait observer Dalloz, le nouvel époux a le droit de faire comme tuteur ce qu'il n'avait pas le droit de faire en qualité de père. Seulement, il existe une grande différence entre les pouvoirs du père et ceux du tuteur : celui-ci doit toujours consulter le conseil de famille, qui peut, à son choix, lui refuser ou lui accorder l'autorisation de requérir la détention (1).

Dans le cas où la mère n'est point maintenue dans la tutelle, la même question que nous avons examiné plus haut reparaît : La mère, redevenue veuve, recouvre-t-elle le droit de correction sur ses enfants du premier lit? Je crois devoir adopter la même opinion, et pour les mêmes motifs. C'est avec raison que le législateur a ainsi limité le pouvoir de la mère dans l'art. 381. Il a compris, en effet, qu'elle avait besoin d'être protégée contre sa propre fai-blesse, contre les suggestions dont elle pouvait être entou-rée, les entraînements qu'elle pouvait subir. Aussi la, seule voie qui lui soit ouverte, quel que soit l'âge de l'en-fant, est celle de la réquisition. Non content de lui donner ainsi le temps de la réflexion, il a placé à côté d'elle les deux plus proches parents paternels, dont le concours est indispensable. S'il n'existe pas de parents paternels, com-ment doit-on faire? La mère est-elle privée du droit de correction, puisque la loi ne peut pas être suivie (2)? Evidemment non, puisque rien n'empêche de s'adresser à un conseil de famille, convoqué selon les formes prescrites par l'art. 407 et suivants. Devant l'impossibilité d'obéir au vœu de la loi, la mère, recouvre-t-elle l'entier exercice de la puissance paternelle, puisque le système de précaution de l'art. 381 ne peut être suivi (3)? Je crois que cette opinion va trop loin et méconnaît surtout les intentions du législateur.

Un troisième système, à mon avis, obvie à tous les in-convénients des deux extrêmes, il se rapproche beaucoup

(1) Art. 578.
(2) Art. 570.
(5) Demolombe, t. VI, p. 265. — Masse et Vergé sur Zach., t. III, p. 567.

plus de la loi. Il remplace les deux parents paternels par deux alliés ou deux amis du père : Cette substitution est d'ailleurs conforme au droit commun en cette matière (1).

L'art. 379 s'applique-t-il à la mère? en un mot, a-t-elle le droit de faire grâce? Oui. On ne peut pas lui contester ce droit, qui est de l'essence même de la puissance paternelle. Cette puissance est commune pendant le mariage au père et à la mère qui n'en a l'exercice qu'à défaut de son mari ou à sa mort : C'est ce qui fait, que dans les articles relatifs à notre sujet, il n'est fait mention que du père, mais à l'occasion, ils s'appliquent aussi à la mère.

L'art. 381 n'a modifié le droit de correction vis à vis de cette dernière que sur un point, le mode de procéder ; dès lors, les art. 378 et 379 demeurent applicables à la mère.

SECTION VI.

Déchéances et modifications de la puissance paternelle.

Lorsque les père et mère, dédaignant les pouvoirs que leur ont donné la nature et la loi, commettent de véritables abus dans l'exercice de la puissance paternelle ; peut-on les en déclarer déchus? Le législateur ne s'est pas longuement occupé de cette question : Pour en trouver la solution, nous devons chercher dans le Code pénal. L'article 335 c. p. dit, que dans le cas d'attentat aux mœurs, etc., commis par le père ou la mère, le coupable est privé des droits et avantages à lui accordés sur la personne et les biens de l'enfant par le Code Napoléon. A l'exception de cet article, le législateur a gardé le silence le plus absolu. Pourtant, les père et mère, peuvent commettre sur la per-

(1) Valette sur Proudhon, t. II, p. 247. — Massé et Vergé sur Zach., p. 268. — Demolombe, t. VI, p. 283.

8.

sonne de leurs enfants d'autres délits qui peuvent entraîner contre eux des condamnations.

Le jugement prononcé contre eux leur fera-t-il perdre
la puissance paternelle, ou bien le magistrat restera-t-il
désarmé? M. Demolombe s'est fait le défenseur de l'enfant (1). Cet auteur reconnaît que l'art. 335 c. p. est le
seul qui stipule, dans certains cas, quelque chose en faveur
de l'enfant : Mais il résulte, dit-il, des travaux préparatoires, que les législateurs avaient l'intention d'accorder
aux tribunaux le pouvoir de réglementer, dans certains
cas, la puissance paternelle, mais que ce projet n'eut pas
de suite immédiatement, pour ne pas entraver le marche
des législateurs, sous la condition d'être repris dans la
suite, mais qu'il fût oublié. Les sentiments qui ont inspiré
les auteurs de ce système sont très louables, disent
MM. Dalloz, mais nullement juridiques. Lorsqu'en matière
civile, il n'y a pas de textes précis, le ministère public
n'a pas d'action ; il doit en être de même des tribunaux.
Charger le ministère public de pénétrer dans le secret des
ménages, d'écouter les dénonciations qui lui arriveront de
la part des voisins des père et mère, en un mot, surveiller
l'éducation des enfants serait une tâche impossible et
amènerait infailliblement de très graves inconvénients. Du
reste, quant au pouvoir du ministère public, la loi est très
sage de lui dire, en matière civile, n'agissez que quand je
le prescris.

La cour de Paris a rendu un arrêt dans ce sens (2) : elle
a décidé qu'un père pouvait être déchu de la puissance
paternelle pour cause de dissipation et d'inconduite notoire. Le premier système quoique moins juridique que
le second, me semble plus naturel, et je n'hésite pas à déclarer que les raisons qui me décident, me paraissent très-
attachantes. Peut-on laisser, en effet, l'enfant entre les

(1) Demolombe, t. VI, p. 276.
(2) 23 août 1821.

mains de son père, qui une fois condamné peut exercer de nouveau à l'expiration de sa peine des vengeances contre l'auteur involontaire de sa détention. Il peut encore arriver que les mauvais traitements ne constituent pas un délit, mais que par leur continuité ou leur caractère, ils finissent par altérer la santé physique et intellectuelle de l'enfant. Dès lors il faut à tout prix l'enlever du milieu dans lequel il est jeté. Le premier système présente à l'appui des moyens logiques et juridiques à la fois. 1° Logiques : la puissance paternelle est un pouvoir tutélaire et de protection, et non un pouvoir démoralisateur : qu'il faut dès lors exécuter les lois suivant les vues du législateur (1), et celui-ci n'a pas pu vouloir laisser quand même l'enfant dans un lieu qui lui était funeste, et lier les mains des magistrats. 2° Dans la loi : l'art 444 C. N., fournit un argument qui n'est pas sans valeur. Cet art. désigne les personnes exclues de la tutelle, et destituables même, s'ils sont en exercice « sont exclus les gens d'une inconduite notoire : 2° ceux dont la gestion attesterait l'incapacité ou l'infidélité. « Cet art. s'applique incontestablement au père ou à la mère, devenus tuteurs par suite de la dissolution du mariage. Pourquoi n'étendrait-on pas cet article au père de famille ?

L'enfant en butte aux persécution de ses père et mère, le droit de se plaindre, et les tribunaux peuvent donc, même en dehors de l'art. 335 C. p., ajouter à la peine édicté, la déchéance de la puissance paternelle. Mais dans tous les cas où une lutte peut s'établir entre le père et le fils, les tribunaux doivent agir avec une prudence extrême, et s'environner de toute la modération et l'impartialité dont la magistrature ne se départit jamais.

Le père déchu de la puissance paternelle en vertu des art. 334 et 335 du C. p., perd-il cette puissance sur la personne et les biens de ses autres enfants ? Deux systèmes se trouvent en présence, le premier qui adopte l'affirmative,

(1) Demante, t. I, n° 505, not. 1.

applique la déchéance comme moyen de préservation, à l'égard de tous les enfants, qu'il s'agisse d'enfants du même lit ou de lit différent, d'enfants déjà nés au moment du délit ou nés postérieurement. Le deuxième système se rapproche à mon avis, plus près de la loi, en décidant que la déchéance n'atteint le père qu'à l'égard de l'enfant envers lequel il s'est rendu coupable du délit prévu par l'art. 334 C. p. Sans me préoccuper de s'avoir si le législateur aurait bien fait de prononcer une déchéance absolu, je me demande s'il l'a fait. Je ne trouve pas une seule indication dans le sens de l'affirmation. Si l'on relit l'art. 335, l'on voit que le coupable est privé des droits et avantages à lui accordés, *sur la personne et sur les biens de l'enfant* par le Code Napoléon. C'est bien évidemmment à l'égard de l'enfant lui même, de lui seul que la déchéance est limitée. Si le législateur avait voulu l'étendre, il l'aurait indiqué (1).

La déchéance une fois prononcée, enlève-t-elle au père tous les droits de la puissance paternelle. Le père ou la mère déchu, pourrait-il émanciper l'enfant (2). Son consentement, ou son conseil, pour le mariage et l'adoption est-il encore nécessaire ? Pour avoir la solution de cette question il faut la rechercher dans l'art. 335 C. p. Cet art. est très explicite, dit-on, dans un premier système « le coupable est privé de tous les droits et avantagee à lui conférés par le code Napoléon. » Pourquoi vouloir obscurcir la clartéé de cet art. ? Le législateur n'a-t-il pas montré suffisamment ce qu'il voulait dire par *tous les droits et avantages*, et n'a-t-il pas compris dans son énonciation le droit d'émancipation, comme celui de garde et de correction (3)? Le système opposé se sert aussi de l'art. 335 C. p., *in fine*, qui parle des droits et avantages

(1) Carnot, sur l'art. 335, n° 5. — Massé et Vergé sur Zach., p. 377, note 5. — Dalloz, rep. v° puis. pat., p. 574, n° 68.

(2) Art. 477.

(3) Valette sur Proudhon, t. II, p. 351. — Dalloz, rep. 574, n° 69.

accordés par le code Napoléon, l. 1, t. 9 de la puissance
paternelle. Dès lors le droit d'émancipation n'est point enlevé au père, puisqu'il est visé dans le titre X (477). Le consentement au mariage et à l'adoption est toujours nécessaire, les art 148 et 310 ne sont pas atteints par l'art. 335
C. p., puisque le premier fait partie du titre du mariage,
et le second du titre de l'adoption. Cette action est pres-
sante, et l'on ne peut que se ranger du côté de ce système,
surtout après l'exemple de M. Demolombe qui, ne dissi-
mulant pas ses sympathies pour l'opinion contraire, ajoute :
« qu'il n'a pas de réponse nette et catégorique contre cet
argument de texte (1). »

Quand à la dégradation civique, dans l'énumération que
fait l'art. 24 du C. p., il n'est point parlé de la puissance paternelle, il faut dès lors conclure du silence de la loi, que
le père qui encourt cette peine, conserve tous ses droits et
avantages sur la personne et les biens de l'enfant. L'art.
29 du pénal en vertu duquel le père condamné à la peine
de travaux forcés à temps, de la réclusion, de la détention
et pendant ce temps en état d'interdition légale, pourvu
d'un tuteur et d'un subrogé-tuteur, entraîne-t-il la déchéance de la puissance paternelle? L'art. 29 ne s'explique
par sur cette question, le père conserve donc la puissance
paternelle. On pourrait même soutenir, dit M. Demolombe (2), qu'elle n'en suspend même par l'exercice, car,
cette interdition toute spéciale, a pour but de pourvoir à
l'administration des biens du condamné. Toutefois nous
pensons comme cet auteur, que l'exercice de cette puissance doit être suspendu pendant l'accomplissement de la
peine, sauf à être repris à son expiration, car il lui serait
impossible de l'effectuer. Comment admette, en effet, qu'un
père condamné à une peine dont la durée peut être très-
longue, puisse administrer les biens de ses enfants, et diri-

(1) Demolombe, p. 275, n° 361.
(2) Demolombe, t. VI, n° 361.

ger leur éducation. Je crois que l'on ne viole en rien les intentions du législateur en suspendant dans ce cas la puissance paternelle.

Lorsque le mariage est dissout par la mort de l'un des époux, il y a lieu à l'ouverture de la tutelle, qui revient de droit au survivant (1). La puissance paternelle est-elle absorbée par la tutelle, forme-t-elle au contraire un pouvoir indépendant ? Ces deux pouvoirs sont très distincts ; ils peuvent même être séparés. Il peut arriver, en effet, que le survivant ne soit pas investi de la tutelle, il conservera néanmoins la puissance paternelle, que l'on ne peut lui enlever que dans certains cas, comme nous l'avons vu, et avec elle les droits de garde, de correction, de résidence, le soin de veiller à l'éducation de l'enfant, le tuteur n'aura plus que l'administration des biens. Lorsque les deux pouvoirs sont ainsi séparés, il peut surgir de sérieuses difficultés. Il est incontestable que, quand à la garde de l'enfant et à son éducation, elle appartient au survivant des père et mère, plutôt qu'au tuteur. Ce pouvoir, en effet, ne saurait être confié en de meilleures mains qu'en celles de ses père et mère. Aussi peut-on dire maintenant comme autrefois, *aliud est tutela, aliud educatio* (2).

Dans le cas d'un second mariage ce droit ne doit pas être enlevé au survivant. Les art. 381, 386, 399, 400, visent les conséquence d'un second mariage, relativement aux droits de la puissance paternelle, aucun ne parle de l'altération du droit dont nous nous occupons. Mais voici où surgissent les difficultés, le tuteur en vertu de l'art. 450, a la mission de veiller sur la personne du mineur : ce pouvoir il est vrai, est limité par celui qu'a le survivant, mais a-t-il en cas d'abus le droit de les signaler, et de revendiquer, au nom de la tutelle, la garde de l'enfant. En vertu de l'opinion pour laquelle nous nous sommes prononcés, et pour être logique avec nous-même, nous devons répondre affir-

(1) Art. 372, 581.
(2) Recueil d'Albert, v° éduc., chap. II.

mativement. Le tuteur doit faire appel aux magistrats qui doivent examiner les causes pour lesquelles le survivant n'a pas la tutelle, sa conduite ses mœurs, et décider entre le tuteur et le survivant. Certaines causes ne sont pas des motifs de suspicion pour celui-ci, tandis que d'autres doivent exercer sur l'esprit des magistrats, une grande influence. Si par exemple c'est en vertu de l'art. 391, que la mère n'exerce pas la tutelle, ou le père d'après les art. 427 et suivan. il n'y a pas de motifs pour enlever la garde ou l'éducation, il en est de même pour le cas visé par l'art 395.

Il en est tout autrement si le survivant n'a pas la tutelle parce qu'il en a été privé en vertu de l'art. 144. Les magistrats feront dès lors acte de prudence, en ne lui laissant pas la garde et l'éducation de l'enfant (1). Le tuteur est tenu d'accepter ces dernières fonctions, comme faisant partie des charges et des devoirs de la tutelle.

Lorsque le survivant est en même temps tuteur, il agit en vertu de la puissance paternelle, qui n'est pas absorbé par la tutelle, sauf en cas d'abus le droit du subrogé tuteur et du conseil de famille, d'en provoquer la répression.

Nous avons vu qu'en cas d'abus le tuteur doit dénoncer les faits répréhensibles aux magistrats, un membre du conseil de famille peut en requérir la convocation, de même le juge de paix, peut statuer sur la conduite à tenir en cas d'abstention du tuteur. Mais lorsque les père et mère existent, celle-ci dont l'exercice de sa puissance est subordonné à celui du père, peut, comme je l'ai déjà dit, s'opposer à certains actes et les signaler à la justice. En cas de silence ou de complicité de la mère, dit M. Demolombe, pourquoi ne s'en référerait-on pas aux anciens usages, qui accordaient à la famille le droit de provoquer les mesures nécessaires en faveur de l'enfant. Pourquoi n'aurait-elle plus ce droit aujourd'hui ? Le ministère public est désarmé

(1) Req., 3 mars 1836, aff. Vey.

devant cette déclaration qu'en matière civile, il ne peut
agir d'office. Certains auteurs pourtant pensent que cette
question est d'ordre public et de haute police, que dès lors
le ministère public peut faire son devoir car, *il est chargé
de poursuivre d'office l'exécution des lois dans toutes
les dispositions qui intéressent l'ordre public* (1).

L'enfant de son côté peut se plaindre et avertir le juge
de paix, pour que celui-ci convoque le conseil de famille.
Merlin pense que dans l'hypothèse spéciale qui nous occupe
l'enfant peut agir directement en vertu, pour ainsi dire
d'un droit de légitime défense, et qu'il n'a pas besoin d'un
conseil de famille (2).

Un seul droit reste intact devant l'indignité du père ou
de la mère, c'est celui de consentir au mariage ou à l'adoption (3).

SECTION VII.

Fin de la puissance paternelle

Le décret du 28 août 1792, posa le premier les limites
devant lesquelles la puissance paternelle devait cesser
d'exister. L'art. 322 vint dans la suite les confirmer en
déterminant comme terme définitif la majorité et l'émancipation.

L'art. 388 fixe à l'âge de 21 ans accomplis, l'époque de
la majorité.

Deux sortes d'émancipation terminent la puissance paternelle, l'émancipation tacite et l'émancipation expresse.

(1) Marcadé, t. II, art. 389, n°s 6 et 7.
(2) Merlin, rep., t. X, v° puiss. pat., sect. III, § 1, n° 1. — Caen, 31
décembre 1811. — Bastia, 51 août 1826,
(3) Art. 148, 346.

La première est produite par le mariage. Il est évident que celui qui est appelé à devenir lui-même père de famille, ne peut pas rester jusques à sa majorité sous la dépendance d'autrui, et, puisque la loi le croit capable d'accomplir un acte aussi important que le mariage, d'où dépend peut-être sa vie toute entière, elle doit nécessairement le réputer capable de tous les actes que peut faire un majeur (1). Cette émancipation est irrévocable, indispensable, quelque soit l'âge du mineur qui se marie; si le mariage est dissout, elle n'est point susceptible de révocation, comme l'émancipation conférée (2).

L'émancipation expresse, s'opère par la seule déclaration du père ou de la mère, reçue par le juge de paix assisté de son greffier. Les père et mère sont seuls juges de l'opportunité de l'émancipation, et ne peuvent pas être forcés a la faire, le juge de paix de son côté ne peut point se refuser a recevoir la déclaration d'émancipation (3).

Elle ne peut avoir lieu que lorsque le mineur a quinze ans accomplis, avant cet âge, en effet, l'intelligence de l'enfant n'est pas assez développée pour pouvoir lui accorder la liberté quoique bien limitée que lui donne l'émancipation.

Lorsque le mineur est orphelin, la loi a été plus prudente en reculant l'âge de l'émancipation à dix-huit ans accomplis, elle a de plus entouré l'acte de précautions plus grandes, dans le but de sauvegarder les intérêts du pupile. L'émancipation doit résulter d'une délibération du conseil de famille qui l'autorise (4), le juge de paix n'est plus comme dans le cas où le mineur a son père et sa mère, chargé de recevoir la déclaration, il est appelé à jouer un rôle plus actif en vertu de sa qualité de président du conseil de

---

(1) Art. 476.
(2) Cass. Sirey, 21, 1, 188.
(3) Trib. de la Seine, 2 août 1836.
(4) Art. 478.

famille, il doit déclarer lui-même dans l'acte que le mineur est émancipé.

Le législateur a fait acte de véritable sagesse, en reculant ainsi l'âge de l'émancipation ; le tuteur, en effet, et le conseil de famille, ne sont pas aussi compétents que les père et mère, pour juger l'opportunité de l'émancipation et surtout la capacité du pupile, de plus la pésence du juge de paix est un sur garant que les intérêts de l'enfant seront saufs.

Après avoir étudié la puissance paternelle sur les personnes, nous allons nouslivrer à l'étude difficile de cette même puissance sur les biens.

CHAPITRE III

Droits et attributs de la puissance Paternelle en ce qui concerne les biens de l'Enfant

------

Après avoir fait connaître les devoirs imposés par la nature et par la loi au père de famille, et les droits qui lui avaient été attribués pour assurer le libre exercice de ces devoirs, nous devons nous occuper des droits et attributs de la puissance paternelle en ce qui concerne les biens de l'enfant. Si sa faiblesse et son jeune âge ne lui permettent point de diriger ses premiers pas dans la vie, et s'il a besoin du concours constant d'un protecteur pour traverser les embûches qui lui seront dressées de toutes parts, et pour éviter les écueils de ses passions, son inexpérience des affaires l'empêchent également d'apporter une sage administration et une surveillance intelligente à l'égard des biens, sur lesquels il a un droit actuel de propriété. Le législateur devait en conséquence lui assurer ce protecteur. Où pouvait-il mieux le choisir que dans le père même de l'enfant? Qui était plus intéressé que lui à voir se maintenir et s'accroître une fortune qui pût lui permettre de soutenir et même d'agrandir un jour un nom honorable, ou une réputation sans tache? Qui mieux que lui pouvait connaître l'emploi le plus utile des revenus des biens de ses enfants? Un autre pourrait-il mieux par une sage distribution, faire servir ses biens à donner une éducation en rapport avec la fortune ?

C'est donc le père de famille, qui, durant le mariage, a seul le droit de garder ces biens entre ses mains, pour les restituer à l'époque où la loi ordonne de les rendre. Mais si d'un côté il est raisonnable que le père soit le protecteur des biens de ses enfants mineurs, d'un autre côté il est juste que les revenus de ces biens lui aident à supporter les charges que nécessitent la nourriture, l'entretien et l'éducation auxquels il doit pourvoir, alors même que ses fils seraient privés de toutes ressources personnelles. Aussi la loi lui accorde-t-elle un droit d'usufruit sur ces biens.

Jusqu'à une époque qu'a fixée la prévoyance du législateur, il pourra disposer de ces revenus comme il l'entendra, sans être obligé d'en rendre compte, sous la seule sanction de sa conscience, s'il ne commet que des fautes légères, mais sous une sanction pénale, si ces fautes attestent sa grande négligence ou son incapacité. Il est pourtant quelques biens qui devaient échapper à ce droit d'usufruit. Si l'enfant par une sage conduite, une application soutenue et des moyens qui devancent son âge, parvient à faire quelques épargnes et à se constituer ainsi un pécule ; si des parents ou même des étrangers ne veulent point faire bénéficier le père des avantages qu'ils procurent à ses enfants, il est juste que ce dernier ne recueille aucun fruit soit sur le pécule ainsi amassé, soit sur les biens volontairement soustraits à son usufruit.

Mais l'enfant, ainsi que nous venons de le dire, n'a pas encore assez d'expérience pour faire valoir ses biens, et en retirer tout le revenu qu'ils peuvent donner, aussi fallait-il les confier à une direction mûre et impartiale. Le législs-s'est empressé de le faire en constituant le père administrateur des biens dont il n'a pas l'usufruit.

Ainsi le double attribut qu'a le père de famille sur les biens de ses enfants mineurs, est le droit d'usufruit et le droit d'administration. Pour faciliter la marche de notre travail il convient d'étudier séparément chacun de ces deux attributs, et de s'occuper dans une première section de l'administration et dans une seconde de l'usufruit.

Section I.

De l'administration du père sur les biens de ses enfants mineurs.

§ 1.

Quel est le caractère de cette administration.

Il est d'abord un point constant et qui a été admis par l'unanimité des auteurs, c'est que notre sujet est intimément lié à la puissance paternelle, et n'en est même qu'une émanation, puisque pendant le mariage, la tutelle n'existe pas encore et que c'est seulement en vertu de cette puissance, que le père ou la mère, dans le cas où ce dernier ne pourrait point l'exercer, peut être chargé par la loi de l'administration des biens de l'enfant. Mais la place qu'occupent les articles relatifs à cette administration, et surtout la nature de son caractère ont donné lieu parmi la doctrine à de sérieuses difficultés. Et d'abord la place qu'occupent les articles ayant trait à notre sujet. L'article 389 principalement qui constate et règle cette administration, est placé au titre de la tutelle. Tous les auteurs sont unanimes à critiquer la place occupée par cet article, et à faire un reproche au législateur d'avoir réservé pour la tutelle ce qui était logiquement destiné à servir de complément à la puissance paternelle (1) seuls MM. Massé et Vergé (2), trouvent que la disposition suivie par le code est rationnelle et méthodique, et voici l'argument qu'ils font valoir à l'appui de leur manière de voir. « L'administration, disent ces auteurs, que la loi accorde au père pendant le mariage des biens de ses enfants mineurs, est un effet de la puissance paternelle : ce n'est pas une tutelle proprement dite. Aussi les auteurs trouvent-ils généralement que l'art. 389, eut été mieux placé au titre de la puissance paternelle qu'au titre de la tutelle. Nous ne partageons pas cet avis ; cette administration a beaucoup des effets de la tutelle, et les règles qui la concernent complètent tout ce qui touche à l'administration des biens et de la personne des mineurs depuis leur naissance jusqu'à leur majorité, dans toutes les phrases qu'ils peuvent successivement parcourir. » Que l'on adopte l'une ou l'autre de ces deux opinions, on ne doit pas moins se demander quel est le caractère de cette administration. Doit-on l'assimiler à une véritable tutelle, et doit-on lui appliquer toutes les règles y relatives? Participe-t-elle seulement de la tutelle, et emprunte-t-elle quelques dispositions particulières à ce titre? Dans ce dernier cas, quelles dispositions devra-t-on retenir et quelles rejeter? Autant de difficultés sérieuses sur lesquelles les auteurs ont cherché à jeter du jour, mais qu'ils ont adopté dans des sens différents.

Pour étudier cette difficulté avec méthode, il convient d'abord de rechercher qu'elles charges sont imposées au tuteur ordinaire, et de les peser une à une pour savoir celles qui doivent convenir à cette administration, et celles au contraire qui sont incompatibles avec elle.

Le tuteur ordinaire, chargé de représenter le mineur, dans les actes que son inexpérience ne lui permet point

(1) Démolombe, t. VI, n° 409, p. 507. — Marcadé, t. II, p. 199, article 389. — Aubry et Rau sur Zacharia, t. IV, p. 608.

(2) Massé et Vergé sur Zacharia, t. 1, p. 405, note 4.

d'entreprendre, est soumis à certaines conditions et à une certaine surveillance qui assurent la fidélité de sa gestion, tout en sauvegardant les intérêts du mineur. Ces conditions sont une hypothèque légale permettant au mineur de se faire restituer les sommes que lui devra le tuteur comme moyens de surveillance, nous trouvons 1° Un subrogé-tuteur qui agira toutes les fois que les intérêts du pupille seront opposés à ceux du tuteur ; 2° un conseil de famille que l'on convoquera toutes les fois qu'il en sera besoin et qui aura la direction générale des affaires concernant le mineur. 3° La possibilité d'exclure ou de destituer le tuteur, s'il est d'une inconduite notoire ou si la gestion atteste son incapacité. Sous un autre point du vue, les pouvoir conférés par la loi au tuteur seront plus étendus, suivant que les actes à faire sont plus ou moins importants vis-à-vis du pupille. Ainsi le tuteur pourra faire seul certains actes d'administration ; les autres auront besoin de l'approbation seule du conseil de famille ; d'autres plus graves, outre l'autorisation préalable de ce conseil, devront être approuvés par une homologation judiciaire, enfin certains actes d'une extrême importance, seront toujours interdits au tuteur. Cette organisation relative à la tutelle devra-t-elle s'appliquer *in integrum* à l'administration dérivant de la puissance paternelle? Reprenons l'une après l'autre chacune des attributions du tuteur, et voyons si elles son appliquables au père de famille, pris en sa qualité d'administrateur.

1° A-t-il une hypothèque légale sur les biens de son fils? Quelques auteurs ont soutenu l'affirmative et voici en substance leur argumentation : L'art. 2121 donne au mineur une hypothèque générale sur les biens de son tuteur. L'intérêt des mineurs doit aussi faire appliquer cet article au cas où le père, sans être tuteur, régit les biens de ses enfants, et par là, remplit les fonctions d'administrateur légal. Durant le mariage du père, on ne peut concevoir de tutelle, mais l'intérêt du mineur est-il moindre;

et ne doit-on point raisonnablement appliquer à la puissance paternelle tout ce qui fait partie de la tutelle? La seule difficulté qui pourrait surgir est celle de savoir l'époque précise à laquelle les biens du père commencent à être affectés de cette hypothèque; mais pour peu que l'on réfléchisse, on ne peut donner à l'hypothèque des enfants d'autre date que celle où ils commencent eux-mêmes à avoir des propriétés, parce que c'est seulement à compter de cette époque que le père devient comptable (1). Cette assimilation du père administrateur et du père tuteur est inadmissible. Cela résulte clairement des travaux préparatoires du Code et des principes du Code Napoléon. — Des travaux préparatoires. — L'art. 389 n'existait pas dans le projet. Le tribunat proposa de l'ajouter, et voici ce qu'il dit à ce sujet : « la section pense que le premier article de ce chapitre (c'est de la tutelle qu'il s'agit) doit exprimer en termes précis, quel est, durant le mariage, la qualité du père par rapport aux biens personnels de ses enfants mineurs, soit pour ce qui concerne la propriété de ces biens seulement, s'il a droit à la jouissance, soit pour ce qui concerne la jouissance et la propriété, si l'une et l'autre appartiennent à ses enfants. Si, pendant que le mariage existe, la loi n'admettait aucune différence entre le tuteur et le père, proprement dit, il faudrait que le père fut, par rapport aux biens personnels de ses enfants, assujetti durant le mariage, à toutes les conditions et charges que la loi impose au tuteur sous la dépendance d'un conseil de famille, ce qui répugne à tous les principes constamment reçus.

Il paraît évident que, jusqu'à la dissolution du mariage, le véritable titre du père et le seul qu'il puisse avoir dans

(1) Persil, Régime hypothécaire, t. I, p. 518, n° 318. (Edition de 1820.) — Battur Priv. et hyp. t. II, n° 355. — Grenier, t. I, n° 277. — Sic-Colmar, 22 mai 1816.
Toulouse, le 23 décembre 1818.

l'hypothèse dont il est ici question, est celui d'administrateur. » C'est sur cette observation qu'est fondée la disposition suivante que la section adopta. Peut-on après cela, prétendre avec les partisans du système contraire, que les règles de la tutelle doivent être étendues à l'administration Le contraire ne résulte-t-il point des paroles même du tribunat ? — Des principes au Code Napoléon. — Quoique l'art. 389 du code civil, qui déclare le père, durant le mariage, administrateur des biens personnels de ses enfants mineurs, soit placé sous le chapitre de la tutelle, la loi ne le considère pas comme un véritable tuteur, ainsi que nous l'établirons en suivant une à une les règles de la tutelle, et en prouvent quelles ne peuvent s'appliquer au père administrateur. D'un autre côté le code civil n'accorde d'hypothèque légale au mineur que sur les biens de leur tuteur, (les hypothèques sont de droit étroit et ne doivent pas être étendus en dehors des cas qu'elles prévoient notamment les hypothèques légales), la loi n'a entendu parler que de la personne chargée de la tutelle des mineurs et non point du père simple administrateur de leurs biens pendant le mariage. Cela résulte clairement des articles du code, traçant les règles relatives à l'hypothèque légale du mineur, et notamment des articles 2121, 2135 et suivants 2141, et suivants, 2193 et 2194, et plus clairement encore de la difficulté dans laquelle tombent nos adversaires, lorsqu'ils se demandent le jour auquel doit prendre naissance cette hypothèque Comme celle du mineur remonter-t-elle au jour de l'acceptation de la tutelle, et par analogie au jour de la naissance de l'enfant, puisque la puissance paternelle nait à cette époque, ou bien, du jour où les enfants commencent à avoir des propriétés, ainsi que l'indique M. Persil, dont nous avons déjà analysé l'opinion. Ces difficultés seules suffiraient pour faire rejeter le système que nous combattons (1). Tous les auteurs s'accordent à dire

(1) Sic. — Merlin, repert de jurisprudence, v° puissance paternelle, section IV, n° 17. — Cassation, 3 décembre 1821.

qu'il n'y a point lieu à la présence d'un subrogé-tuteur, parce que là où il n'y a point de tuteur, il ne peut y avoir de subrogé tuteur (1).

Toutes les fois que les intérêts de l'enfant seront opposés aux intérêts du père, on pourra provoquer la nomination d'un administrateur *ad hoc*, en appliquant par analogie l'art. 318, je me sers à dessein de cette expression, pour ne pas me servir de celle usuellement employée dans ces cas, la, *de tuteur ad hoc*, critiquée à mon avis avec juste raison, par M. Bertin, dans un excellent article publié par le journal *le Droit*, tout récemment (2). La qualification de tuteur ad hoc, dit M. Bertin, n'a pas peu contribué à propager le système des emprunts à faire au titre de la tutelle. » Il est évident que là où il n'y a pas de tutelle il ne peut y avoir un tuteur ad hoc, la seule qualification à employer est celle d'administrateur.

La surveillance des conseils de famille ne sera point nécessaire; on suppose que l'affection du père est un sûr garant des intérêts qui lui sont confiés par la nature et par la loi. Sans doute le père lui-même pourra dans certains cas, demander la réunion du conseil de famille pour des actes spécialement déterminés; mais la mission de ce conseil sera différente de celle qu'il exerce en présence d'un véritable tuteur.

Nous avons dit qu'en troisième lieu le législateur, pour rendre plus efficace la protection du mineur, avait résolu de soustraire immédiatement ses biens et sa personne à l'influence du tuteur, lorsque celui-ci se conduisait mal, ou se montrait incapable ou infidèle dans la gestion qui lui avait été confiée; le père dans les mêmes circonstances devra-t-il être privé de l'administration qu'il a sur la personne et sur les biens de son enfant. Quand au droit sur la

---

(1) Cass., 4 juil. 1842. — Demolombe, t. VI, n° 421. — Durant, t. III, n° 415.

(2) Le *Droit*, 1, 2, 3, 4, Juin 1863.

personne nous avons donné notre opinion sur ce point controversé dans la section VI, du chap. II ; nous devons dès lors avec la majorité des auteurs appliquer l'art. 444 au père administrateur légal. En effet, pourquoi ce dernier ne serait-il point soumis aux règles de capacité et de fidélité que la loi exige d'un administrateur quelconque la confiance qu'il inspire au législateur est-elle un motif suffisant pour rendre ses fautes inviolables et pour lui permettre de dissiper le patrimoine de ses enfants, en assistant d'un air tranquille à leur ruine (1).

M. Valette (2) est allé jusqu'à dire que toutes les causes de dispense de la tutelle, devaient être mises sur le même rang que les causes d'incapacité d'exclusion ou de destitution, et devait toutes être appliquées à l'administration légale, mais il nous est impossible de nous ranger à son opinion, sans doute il pourrait nous taxer d'inconséquence en nous demandant pourquoi nous appliquons dans un cas, ce que nous refusons d'appliquer dans l'autre, mais il est facile de répondre à cette objection par une considération qui se présente immédiatement à l'esprit et qui n'a point échappé aux auteurs. Dans le premier cas nous disons que le père infidèle, incapable, où d'une inconduite notoire doit être privé de son administration parceque cette règle est une règle d'ordre public et qui ébranle la société toute entière intéressée à voir l'ordre régner au sein des familles, et le bon exemple donné surtout par celui qui est chargé de maintenir haute et ferme son administration, tandis que les art. 447 et suivants sont destinés spécialement à la tutelle, et ne peuvent s'appliquer qu'à elle. Comment donc les transporter au milieu de l'administration du père? Cette opinion a été défendue par

(1) Marcadé, t. II. p. 156.

Besançon, 4 août 1608. — Viom, 4 fructidor, an XII.

(2) Sur Prudhom., t. I, p. 283, note AV.

M. Aubry dans un article inséré dans la Revue du droit Français et étranger (1).

Etudions maintenant les actes que peut faire le père administrateur en les opposant à ceux qui sont permis au tuteur.

1° Actes que le tuteur peut faire seul. — Il est clair que le père a aussi le droit de les faire sans le concours de personne, et sur ce point ses pouvoirs seront plus étendus que ceux du tuteur. Ainsi il ne sera pas tenu de faire inventaire des biens du mineur en présence du subrogé-tuteur ; celui-ci n'existant pas, ainsi que nous l'avons établi précédemment, il ne sera pas tenu non plus de faire vendre, en présence du subrogé-tuteur, aux enchères reçues par un officier public, et après des affiches ou publications dont le procès-verbal fera mention, tous les meubles autres que ceux que le conseil de famille l'aurait autorisé à conserver en nature. (Art. 452.) A-t-il besoin de l'autorisation de ce conseil ? Il n'y aura pas davantage nécessité pour lui de faire déterminer par le conseil de famille la somme à laquelle commencera l'obligation d'employer les revenus sur la dépense. (Art. 455.)

2° Actes soumis à l'approbation du conseil de famille. — Sur ce point, les avis sont très partagés, et les auteurs ont même proposé des systèmes très divers. Les uns veulent que les actes qui sont absolument défendus au tuteur soient aussi, de même, absolument défendus à l'administrateur légal (2). Les autres prétendent, au contraire, que le père administrateur peut faire seul et sans aucune condition les actes pour lesquels le tuteur a seulement besoin du conseil de famille. Et comment pourrait-il en être autrement ? disent ces auteurs, puisque, d'après vous-mêmes, il n'y a point de conseil de famille permanent, ainsi que cela a lieu dans la tutelle ? Pour nous, nous croyons qu'il est des actes

(1) Revue de Droit français et étranger, 1834, p. 666, 667 et 683.
(2) Demolombe, t. VI, p. 534, nos 440 et 441.

que le père peut faire sans l'autorisation du conseil de famille, et qu'il en existe d'autres qui ne pourront naître sans cette autorisation. Pour cela, il est nécessaire de passer ces actes en revue. D'après l'article 450, le tuteur ne peut ni acheter les biens du mineur, ni les prendre à ferme, à moins que le conseil de famille n'ait autorisé le subrogé-tuteur à lui en passer bail. Le père peut-il aussi se rendre acquéreur des biens de son fils dont il a l'administration ? Nous voyons que le tuteur ne peut pas les acheter, même avec l'autorisation du conseil de famille. Pourquoi cette prohibition ? Parce que le législateur a voulu empêcher le tuteur de dépouiller son pupille par une acquisition dont les deniers ne seraient pas souvent comptés, ou qui aurait lieu moyennant un prix inférieur à la valeur réelle de l'immeuble. Le même motif n'existe-t-il point pour le père administrateur ? Son intérêt personnel ne le poussera-t-il point à aller quelquefois contre les intérêts même de son fils ? Il est donc juste d'étendre jusqu'à lui la prohibition de notre article ; mais, comme le tuteur, il pourra donner à bail ou à ferme les biens de ses enfants, parce que cet acte rentre dans les actes de pure administration, et peut ébranler difficilement la fortune du mineur ; mais, dans son propre intérêt et pour montrer son désintéressemet, le père agira prudemment en provoquant la nomination d'un administrateur *ad hoc* chargé de régler les conditions du bail par lui proposées.

D'après l'art. 461, le tuteur ne peut accepter ni répudier une succession échue au mineur sans l'autorisation du conseil de famille, et encore l'acceptation n'aura-t-elle lieu que sous bénéfice d'inventaire. Le père devra-t-il se conformer à ces dispositions ? Nous pensons qu'il n'aura pas besoin de recourir à l'autorisation du conseil de famille, mais qu'il ne devra accepter la succession que bénéficiairement, pour sauvegarder les intérêts qu'il est chargé de surveiller.

D'après l'art. 463, la donation faite au mineur ne pourra

être acceptée par le tuteur qu'avec l'autorisation du conseil de famille. Le père aura-t-il besoin de cette autorisation ? Non évidemment, puisqu'il a été jugé que la donation faite à un mineur non émancipé n'est pas nulle pour avoir été acceptée par son tuteur non autorisé par le conseil de famille (1). Et l'art. 935 vient confirmer cette opinion, en permettant aux père et mère du mineur émancipé ou non émancipé, ou aux autres ascendants, même du vivant des père et mère, quoiqu'ils ne soient ni tuteurs ni curateurs du mineur, d'accepter pour lui.

Aucun tuteur ne pourra introduire en justice une action relative aux droits immobiliers du mineur, ni acquiescer à une demande relative aux mêmes droits sans l'autorisation du conseil de famille. (Art. 464). Le père, administrateur légal, devra-t-il, dans les cas prévus par notre article, recourir à la même autorisation ? Une action immobilière peut, par son importance, compromettre gravement la fortune du mineur ; aussi son père devra-t-il n'intenter de pareilles actions qu'avec une grande prudence, et son devoir sera de provoquer la réunion du conseil de famille pour lui demander son opinion. Si le conseil accède à sa demande, il pourra s'abriter sous sa délibération ; mais si le même conseil refuse son approbation, ou si le père agit sans l'avoir consulté, les tribunaux devront le punir de son imprudence en le condamnant à des dommages-intérêts qui viendront compenser autant que possible le préjudice éprouvé par le mineur, dans le cas où le résultat dont il s'agit aurait été contraire aux intérêts de ce dernier. Nous ne croyons pas qu'il soit possible d'établir d'autre sanction pour le père imprudent. Les mêmes règles seront suivies dans le cas où le père provoquera un partage (2) ; mais, comme le tuteur, il pourra, sans autorisation, répondre à une action en par-

(1) Colmar, 15 décembre 6808.
(2) Art. 465.

tage dirigée contre le mineur (1). On appliquera nécessairement les règles énumérées dans l'art. 466.

En résumé, et pour embrasser les cas que nous pourrions avoir oubliés dans notre énumération, toutes les fois qu'il s'agira d'un acte qui doit profiter au mineur, ou dont le résultat, alors même qu'il serait mauvais, ne compromettrait point sa fortune, le père pourra agir seul, sans avoir demandé au préalable l'autorisation du conseil de famille; dans tous les cas, au contraire, où il s'agira d'actes importants et dont le résultat peut offrir de graves inconvénients pour les intérêts du mineur, il sera du devoir du père de provoquer la réunion du conseil de famille, et dans le cas où il manquerait à ce devoir, les actes ne devront pas être annulés, mais les tribunaux prononceront contre lui des dommages-intérêts en rapport avec le préjudice éprouvé par le mineur, de manière à assurer à ce dernier une juste restitution. Tel est notre sentiment personnel sur cette matière.

3° Actes qui doivent être approuvés par le conseil de famille et homologués par le tribunal. Des opinions divergentes se sont aussi produites sur ce point; quelques auteurs prétendent que, conformément aux règles de la tutelle, le père, administrateur légal des biens de ses enfants mineurs doit recourir nécessairement à l'avis du conseil de famille et à l'homologation du tribunal (2). Quelques autres soutiennent que le père n'est assujetti qu'à une seule condition, l'autorisation du tribunal. On ne peut pas dire l'homologation, puisque n'y ayant pas dans ce système de délibération de la famille, il n'y a rien à homologuer (3). Une autre enfin, croit que le père admi-

---

(1) Même article.

(2) Demolombe, t. VI, n° 446, p. 331. — Massé et Vergé sur Zacharia, p. 406 et suiv.

(3) Marcadé, t. II, art. 389, n° 1. — Delincourt, t. I, p. 101. — Duranton, t. III, n° 406.

nistrateur a un pouvoir et « que le droit, en vertu duquel le père administre les biens de son enfant et le représente dans tous les actes de la vie civile, n'est, en général, soumis à aucune restriction (1). De ces trois opinions quelle est celle que nous devons adopter? Nous rejetons évidemment la première, puisque nous avons cru qu'il était impossible de forcer le père à recourir à l'autorisation du conseil de famille; la troisième nous paraît exagérée; nous ne croyons pas, en effet, que le législateur ait voulu abandonner le mineur seul, à la merci de son père, s'il est des pères économes et clairvoyants, il en est aussi que des passions ou des habitudes déréglées pourraient entraîner à dissiper la fortune personnelle de leurs enfants, surtout lorsque leurs actes ne sont soumis à aucun contrôle et qu'ils ne répondent de leurs fautes ou de leur négligence que devant la conscience seule. Il est impossible que des hommes ayant l'expérience de la vie, aient voulu aller jusque-là. Le second système, celui qui soumet les actes dont nous nous occupons en ce moment, à l'autorisation du tribunal sans avis préalable du conseil de famille, nous paraît devoir être adopté, mais par des motifs qui ont échappé, ce nous semble, à la plupart des auteurs. Le tribunal de première instance, auquel la réformation de la délibération d'un conseil de famille est demandé, doit prononcer comme juge de première instance et non comme juge d'appel (2). Cette décision de la Cour de cassation est confirmée par l'art. 889 du Code de procédure, ainsi conçu : « Les jugements rendus sur délibération du conseil de famille seront sujets à l'appel. » Il résulte de ce principe que les délibérations de ce conseil ne sont point des jugements. En effet, si elles étaient des jugements, le tribunal de première instance jugerait comme juge d'appel, et un nouvel appel devant la Cour impériale serait impossible. Puisque ce ne sont point

(1) Zacharia, t. I, p. 202. Consult. aussi note 7.
(2) Casat., 15 vent. an xiii, S. V. 452.

des jugements, le tribunal auquel cette délibération est déférée peut, soit l'homologuer si elle lui paraît utile aux intérêts du mineur, soit refuser son approbation si elle lui paraît contraire à ces mêmes intérêts.

Il arrivera ainsi que l'effet des délibérations sera complètement paralysé; pourquoi soustraire le père à ce contrôle exercé par les tribunaux? Si usant de la confiance que la loi a eu en lui à cause de son affection présumée, il assume sur sa tête la responsabilité d'un acte qu'il entreprend au nom de son fils sans autorisation du conseil de famille, est-il juste de le laisser agir sans contrôle, lorsque les suites de son entreprise pourront être funestes aux biens du mineur? qui mieux que le magistrat, pourra juger de l'oportunité ou de l'inopportunité de l'acte? son approbation sera une garantie pour le mineur, son refus d'autorisation mettra le père dans l'impossibilité de compromettre les biens de ses enfants. Sans doute le besoin d'autorisation du tribunal restreindra l'exercice des droits attachés à la puissance paternelle, mais si d'un côté ces droits doivent être respectés, d'un autre côté protection doit être accordé au mineur, et cette protection il la trouvera dans les décisions impartiales des magistrats tendant à concilier le respect que l'on doit à la volonté du père de famille, avec l'intérêt qui s'attache au mineur incapable de diriger par lui-même ses propres affaires. Cette opinion n'est point formellement écrite dans la loi; mais, puisque le législateur a négligé de dessiner plus clairement le caractère de l'administration du père sur les biens de son fils non encore majeur, on doit s'attacher à rechercher l'intention probable des rédacteurs du Code, qui ont toujours voulu protéger le mineur contre sa propre faiblesse, et contre les embûches qui pourraient lui être tendus par des personnes avides de le dépouiller (1).

(1) Marcadé, t. II, art. 389. — Duranton, t. III, n° 415. — *Journal le Droit*, 3 juin 1868, signé Bertin. — Pau, 15 juillet 1865.

Un arrêt de la cour de cassat. du 3 juin 1867, à fixé jusques à présent la jurisprudence dans ce sens. Le rapporteur de cette affaire, disait : « Cette opinion qu'adopte M. Bertin (même article) nous paraît seule conforme aux principes généraux de la matière, et a l'esprit qui a dicté l'art. 389 et nous ajouterons au respect de l'autorité du chef de famille.

4° Actes interdits au tuteur. — Les actes défendus au tuteur sont-ils également défendus à l'administrateur légal? Les auteurs sont unanimes pour se prononcer en faveur de l'affirmative. Le père ne pourrait pas plus que le tuteur faire au nom de son enfant une donation ou un compromis, etc. Il y a, en effet, identité de motifs. Le législateur a interdit certains actes au tuteur, non à cause de la défiance envers ce dernier, mais parce que ces actes étaient tels, que les tiers auraient vu une pensée de fraude dans leur accomplissement, alors même que la plus parfaite intégrité y aurait présidé.

En effet, il est assez naturel de croire que le tuteur ne fera point une donation ou n'acceptera pas un compromis au nom du mineur s'il n'est guidé par l'intérêt. Les mêmes suppositions malveillantes pourraient avoir lieu à l'égard du père; en conséquence, il est rationel de lui interdire ces actes. Un seul auteur, M. Aubry (1), a soutenu que le père administrateur pouvait acheter les biens de son enfant, à la condition toutefois qu'il ne figurerait pas dans le contrat comme représentant de ce dernier, au nom duquel stipulerait un tuteur spécialement nommé à cet effet. L'intervention d'un tuteur *ad hoc* est en pareil cas nécessaire et suffisante pour échapper à la prohibition établie par le 3° alinéa de l'art. 1596; et voici les considérations qu'il fait valoir à l'appui de son opinion : « C'est par exception à la règle posée dans l'art. 1594, que le 3° alinéa de l'art. 450, dont la disposition se trouve reproduite par le 2° alinéa de l'ar-

(1) *Revue de Droit français et étranger.* — Année 1844, p. 681.

ticle 1596, défend au tuteur d'acheter les biens de son
pupille; il suit du caractère exceptionnel de cette disposition qu'elle n'est pas susceptible d'être étendue par voie
d'analogie au père administrateur. C'est la règle générale
de l'art. 1594, et non les exceptions des art. 450 et 1596,
qui doivent être appliquée. » Cette opinion nous paraît contraire aux principes, et surtout un peu fantaisiste. Contraire aux principes : l'art. 1596 n'est point, ainsi que le
pense M. Aubry, une exception à la règle édictée dans l'article 1594. Le législateur a interdit à tout mandataire de
se rendre adjudicataire, ni par lui-même ni par personne
interposée, des biens qu'il était chargé de vendre, à cause
du motif de dignité que nous avons rappelé plus haut, et
pour ne point placer le mandataire entre son intérêt et son
devoir. L'art. 450 n'est que l'application de cette règle de
droit commun, au lieu d'être une exception. Le même motif
n'existe-t-il point également à l'égard du père administrateur légal? Un peu fantaisiste : notre auteur a parfaitement
compris que le père était un mandataire, et qu'en cette
qualité il rentrait dans la prohibition de l'art. 1596. Pour
échapper à cette prohibition, il a eu recours à un sub-
terfuge; il a dit : Sans doute le père ne pourra figurer
dans le contrat comme représentant du mineur ; mais au
moyen d'un tuteur *ad hoc* venant prendre son lieu et place,
il ne sera plus administrateur légal du bien que l'on veut
liciter, et pourra par suite s'en rendre adjudicataire. —
Mais le tuteur, lui aussi, ne pourra-t-il pas faire le même
raisonnement, échapper ainsi aux prohibitions de la loi?
Il provoquera la nomination d'un tuteur spécial; au moyen
de cette nomination, ses intérêts seront complétement distincts des biens de son pupille, et l'acquisition de ses biens
pourra avoir lieu au mépris des art. 450 et 1594. Il suffit
d'indiquer un pareil résultat pour rejeter l'opinion proposée par M. Aubry.

Il ressort de la comparaison que nous avons faite jusqu'ici entre l'administration légale et la tutelle, que le

caractère de l'administration légale a des différences pro-
fondes avec la nature de la tutelle, et qu'en résumé les
pouvoirs du père sont ceux d'un simple administrateur,
mais qu'à cause du silence de la loi, on devait appliquer au
père administrateur certaines règles spéciales à la tutelle,
tandis que d'autres devaient être écartées, parce que,
d'après le motif qui les a dirigées, elles ne peuvent s'appliquer nécessairement qu'à un véritable tuteur.

Il nous reste à voir encore la durée de l'administration
légale, et les devoirs imposés au père pour qu'à la cessation
de cette administration on puisse voir s'il a accompli fidèlement et avec probité le mandat que la loi lui confié.

§ 2.

Durée de l'administration légale. — Devoirs imposés
au père à l'expiration de cette administration.

L'administration légale, émanation de la puissance paternelle, commence avec elle et finit en même temps. Ainsi
elle ne peut plus se prolonger ni après l'émancipation de
l'enfant ni après sa majorité. Mais dans certains cas, la
puissance paternelle peut survivre à l'administration légale,
sa durée, en effet, ne dépasse point la durée du mariage (1),
et après la dissolution de ce dernier, le père ou la mère
survivant, ne sauraient conserver l'administration
légale des biens de l'enfant. C'est seulement en qualité
d'usufruitier légal (2) ou de tuteur (3) qu'il peut alors les
posséder ou les administrer; l'administration viendra ainsi
se fondre avec la tutelle, et alors toutes les règles de cette
dernière seront applicables à l'ancien administrateur.

(1) Art. 389.
(2) Art. 581.
(3) Art. 390.

Dans un cas spécial, la puissance paternelle survivra à
l'administration sans que le père soit usufruitier légal ou
investi des pouvoirs du tuteur, c'est le cas où il aura été
dépouillé de cette administration par jugement du tribu-
bunal, pour incapacité ou infidélité dans sa gestion (1) :
si l'on a une faute à lui reprocher, les personnes qui por-
tent intérêt au mineur devront dénoncer la conduite du
père au tribunal, qui nommera un tuteur *ad hoc*, chargé
d'introduire la demande en destitution et de faire valoir
les motifs à l'appui de sa demande ; le père se défendra de
son côté, et si les faits articulés sont de nature à le priver
de son administration, il sera du devoir du tribunal de la
confier à une autre personne plus capable de diriger les
biens personnels du mineur.

Dans d'autres cas, au contraire, l'administration pourra
n'être que momentanément suspendue, ainsi lorsque le
père absent n'aura point donné de ses nouvelles, ou lorsqu'il aura été interdit, l'administration sera confiée à une
autre personne, jusqu'à son retour ou jusqu'à la levée de
l'interdiction. Et c'est ici seulement que nous voyons apparaître les droits de la mère ; en effet si le mariage est dissout,
il n'y a plus d'administration, par conséquent il est impossible de l'exercer, la tutelle appartient de plein droit (2) au
survivant des père et mère. Lorsque l'administration du père
est suspendue momentanément durant le mariage, la puissance paternelle reposant sur la tête de la mère, l'administration pourra aussi y passer. Ainsi la mère administrera,
lorsque le père aura disparu sans donner de ses nouvelles,
lorsqu'elle aura été nommée tutrice de son mari interdit (3) ;
si la tutelle a par hasard été confiée à un autre, qui de la
mère ou bien du tuteur, aura l'administration des biens de
l'enfant? Selon M. Demolombe (4) dont nous accueillons

(1) Voir section 1 (*in médio*).
(2) Art. 390.
(3) Art. 607.
(4) Demolombe, t. VI, n° 450, p. 338.

l'opinion, une distinction est nécessaire : si le père interdit à l'usufruit légal des biens, le tuteur conservera l'administration; mais dans le cas contraire, on ne voit pas pourquoi on refuserait à la mère l'administration légale, puisque c'est elle qui exerce alors à défaut du père, la puissance paternelle. Dans le cas ou le père et la mère ne pourraient ni l'un ni l'autre administrer le bien de leur enfant, les tribunaux pourront confier la garde de la personne et des biens à un administrateur judiciaire, à l'égard duquel on suivrait les règles tracées pour l'administrateur légal, la tutelle des étrangers ne s'ouvrant jamais qu'après le décès respectif de deux époux.

D'après certains auteurs, il existe un cas ou l'administration légale du père peut-être suspendue, et même complètement anéantie par la volonté d'un tiers. C'est l'hypothèse dans laquelle des biens auraient été donnés ou légués à un enfant, sous la condition que le père n'en aura point l'administration. Cette clause sera-elle valable ou bien devra-elle être considérée comme non écrite à cause de l'atteinte directe qu'elle apporte à l'exercice de la puissance paternelle? Cette question, l'une des plus délicates du sujet que nous traitons, est vivement controversée.

Trois systèmes se sont produits sur cette question; le premier considère la chose comme toujours nulle, le second la croit nulle dans certains cas et valable dans d'autres, le troisième enfin la regarde comme valable dans toutes les hypothèses. Nous allons exposer séparément chacun de ces systèmes; les arguments que l'on fait valoir à l'appui de chacun d'eux et rechercher lequel nous paraît devoir être adopté.

1er *Système*. — La clause par laquelle un tiers prive le père de l'administration légale des biens, que ce tiers donne ou lègue à son fils mineur, est attentoire au droits de la puissance paternelle et doit être considérée comme non écrite.

L'art. 387 permet au donateur d'imposer la condition que
les père et mère de l'enfant n'auront pas la jouissance ou
l'usufruit des biens donnés. Cette permission n'a pas été
reproduite dans l'art. 389 ; en conséquence, le législateur a
manifesté clairement l'intention qu'il avait de ne point
priver, par aucun moyen, le père de son administration
légale.

Une pareille condition doit être regardée comme essentiellement contraire à l'art. 389 ; on doit aussi la considérer
comme contraire aux bonnes mœurs, en ce qu'elle tend à
inspirer aux enfants du mépris ou de la défiance contre
leurs parents, et à affaiblir ainsi la puissance paternelle,
l'une des bases de l'ordre social. Dans de pareilles conditions, elle doit être réputée non écrite, aux termes de l'article 900 (1).

2° *Système.* — On doit établir une distinction, considérer la clause comme valable si elle a eu pour but unique
de sauvegarder l'intérêt des enfants, et comme nulle si le
testateur n'a ainsi statué que par haine ou par vengeance
contre le père. Parmi les attributions que la loi a confiées
aux père et mère, une différence, résultant même des principes de la loi, existe entre les attributs essentiels et les
attributs naturels ou accidentels. Le droit de garde, d'éducation, de correction, etc., sont des attributs essentiels
dont les parents ne peuvent être privés qu'en perdant la
puissance paternelle; nul lien, au contraire, ne rattache
la puissance paternelle à l'administration du patrimoine.
N'en voyons-nous point un exemple fourni par la loi? L'administration n'est-elle point séparée de la puissance paternelle à l'époque de la dissolution du mariage! Ne peut-il
pas arriver également que le père ou la mère n'adminis-
trent point en fait le bien de leurs enfants, et que cette
administration soit confiée à un tiers, sans que pour cela

(1) Besançon, 18 novembre 1807. — Casen, 11. — Merlin, rép. de jurisprudence, v°, puissance pat., section 5. — Août 1828.

la puissance paternelle en reçoive la moindre atteinte?
Pourquoi cela? Parce que l'administration légale, comme
l'usufruit légal qui peut être enlevé au père par la volonté
du donateur qui donne ou lègue des biens au mineur à la
condition que le père n'en aura point l'usufruit, ne sont
qu'une dépendance naturelle; un accident fortuit en l'absence duquel la puissance paternelle ne continuera pas
moins de subsister dans toute sa force et toute son étendue,
sans en éprouver le plus petit échec. En principe donc,
l'administration légale pourra être enlevée au père, et sa
puissance n'en sera nullement ébranlée, surtout si l'on voit
que cette administration lui a été soustraite dans l'intérêt
même du mineur; mais si, sur la demande du père, les tribunaux viennent à reconnaître qu'une pareille condition
est essentiellement contraire aux intérêts de l'enfant, et
n'a été insérée que pour humilier la puissance du père de
famille, ils pourront déclarer que la clause est contraire
aux bonnes mœurs, et doit être en conséquence réputée
non écrite.

Ainsi, si le testateur se contente de dire : J'entends et
je veux que les biens donnés ou légués ne soient pas administrés par le père, on devra respecter cette volonté et
confier l'administration à un tiers; s'il veut, au contraire,
par exemple, que le père de l'enfant légataire ou donataire
ne puisse gérer les biens qu'avec l'assistance de deux conseils désignés par le testament, ou qu'on nomme un curateur spécial, il sera du devoir des tribunaux de ne point
s'arrêter à ces conditions, parce que leur but évident est,
non de mettre en des mains plus sûres le bien du mineur,
mais de s'attaquer directement à la personne du père, dont
l'incapacité est ainsi révélée aux enfants qui peuvent ainsi
se départir à son égard du respect qui lui est dû (1).

(1) Proudhon, Usufruit, t. I, n° 240 et suiv. — Rouen, 29 mai 1845,
S. V., 1846, 2, 379.

3° *Système.* — Un testateur ou un donateur peuvent toujours opposer à leur libéralité la condition que les biens donnés ou légués à un fils mineur ne seront point administrés par le père. Partant des mêmes principes que les auteurs du deuxième système, les partisans de cette opinion admettent la première distinction proposée, celle qui consiste à séparer les attributs essentiels de la puissance paternelle des attributs naturels ou accidentels, comme découlant de la loi elle-même. En effet, l'art. 387 permet d'enlever aux père et mère l'usufruit légal sur les biens de leurs enfants; preuve que cet usufruit peut être détaché de la puissance paternelle sans l'altérer nullement. L'art. 1388 défend aux époux de déroger aux droits de la puissance maritale sur la personne de la femme et des enfants. En se contentant de défendre les dérogations qui porteraient atteinte à l'autorité sur la personne, cet article n'autorise-t-il pas les époux à apporter des modifications à l'administrations des biens ? autre preuve que l'absence de l'administration ne porte aucun échec à l'autorité paternelle. Mais la seconde distinction inventée par les auteurs ne se trouve dans aucun texte, ni dans l'esprit de la loi, et il est impossible d'établir une séparation radicale entre la clause qui aura été insérée dans l'intérêt de l'enfant et celle qui n'aura été apposée que pour humilier le père, et lui montrer la défiance que l'on a dans son autorité.

La mission des tribunaux serait souvent trop délicate lorsqu'ils s'agirait d'interpréter l'intention du testateur et du donateur, et cette intention pourrait, dans plusieurs circonstances, être méconnue ; aussi doit-on accepter le principe avec toutes ses conséquences, et dire que, puisque l'administration des biens n'est point un attribut essentiel de la puissance paternelle, un tiers pourra toujours la reporter sur la tête d'une autre personne, sans que l'autorité du père ou de la mère en soit diminuée, et penser que

10.

si le donateur ou le testateur ont agi ainsi, c'est dans l'intérêt même de l'enfant (1).

C'est ce dernier système qui nous paraît le plus conforme à l'esprit de la loi, et que nous croyons en conséquence devoir embrasser, après avoir fait connaître les motifs qui nous ont déterminé à cette adoption.

Il est impossible de méconnaître que l'administration et l'usufruit légal des biens des enfants mineurs ne sont point des attributs essentiels de la puissance paternelle, puisqu'il arrivera le plus souvent que les enfants n'auront point de biens. La loi l'a très bien compris ; aussi a-t-elle permis aux tiers d'enlever aux père et mère l'usufruit légal des biens qu'ils auront donnés ou légués à l'enfant ; et dans ce cas, de l'aveu même de nos adversaires, la clause devra être maintenue, alors même qu'elle semblerait seulement insérée pour tenir en échec et humilier la puissance paternelle. Point de distinction à faire entre cette hypothèse et celle où la condition aurait été faite dans l'intérêt seul de l'enfant : les tribunaux n'auront jamais à rechercher le mobile qui aura dirigé les donateur ou testateur ; son intention devra toujours être respectée. En serait-il autrement, lorsqu'au lieu de l'usufruit légal, les père et mère se voient retirer l'administration ? Oui, répondent les partisans du premier système : le législateur a clairement manifesté sa pensée à l'égard de l'usufruit légal ; il n'a point reproduit cette disposition lorsqu'il a eu à s'occuper de l'administration ; et s'il ne l'a point reproduite, c'est à dessein : donc, nous devons respecter sa volonté.

Il nous est impossible d'accepter ces raisonnements ; nous ne voyons pas de différence à établir entre l'usufruit légal et l'administration ; puisque l'usufruitier est un administrateur ayant le droit de recueillir les fruits des biens qu'il administre ; si donc il est permis aux tiers de priver

---

(1) Vazeille, 2, du mariage, t. II, n° 458, p. 213. — (*Journal le Droit* du 4 juin 1868. Signé : Bertin.

le père de l'usufruit légal, il leur sera également loisible
d'ôter au père la simple administration ; le législateur
avait-il besoin de reproduire dans l'article 389 la disposition de l'article 387. Cela était inutile, puisque
l'usufruit légal et l'administration sont placés sur la
même ligne dans l'article 389. S'il est donc permis d'ôter
au père la jouissance légale des biens donnés ou légués, et de faire subir à cette clause toutes les modifications que suggèrera au tiers sa volonté, sans que la puissance paternelle en soit amoindrie ; on ne pourra pas
défendre de lui ôter l'administration de ces mêmes biens
en apportant les mêmes modifications. Les inconvénients
signalés par les auteurs ne peuvent-ils pas se reproduire
aussi bien à l'égard de l'usufruit légal qu'à l'égard de l'administration ? Les tiers ne pourront-ils pas enlever cet
usufruit au père pour humilier son autorité ? Et pourtant, la clause devra être maintenue. Puisqu'il y a identité
de motifs lorsqu'il s'agit de la privation de l'administration,
la solution devra être la même : qui ne comprend d'avance
la difficulté qu'éprouveront les tribunaux dans l'appréciation des espèces qui leur seront soumises? Cette clause
a-t-elle été insérée dans l'intérêt unique de l'enfant et
devra-t-elle être réputée non écrite comme contraire aux
lois ou aux bonnes mœurs? Où s'arrêtera le pouvoir d'appréciation des tribunaux? Les magistrats seront-ils sûrs
de respecter la volonté du testateur ou du donateur. Ces
difficultés ont été présentés par la pratique; aussi la jurisprudence est-elle depuis 1850 fixée dans le sens de la solution que nous croyons devoir adopter, et décide-t-elle qu'il
est permis à un tiers d'ôter au père l'administration des
biens qu'il donne ou lègue à l'enfant (1).

— Devoirs imposés au père à l'expiration de l'administration légale. — Comme tout mandataire et comme tout administrateur, le père est tenu, à l'expiration de sa gestion, de

(1) Paris, 6 décembre 1834, S. V., 54, 1. 714. — Cassation, 26 mai 1856.
Journal du Pal., 56, 2516.

rendre compte des biens confiés à sa garde. L'art. 389 lui impose cette obligation : « Il est comptable, quant à la propriété seulement, des biens dont la loi lui donne l'administration. » Cette règle, si simple en apparence, a donné lieu à de nombreuses difficultés. On s'est demandé si les règles relatives à la reddition de compte du tuteur étaient applicables au père administrateur, ou bien si quelques-unes seulement devaient être étendues, et, dans ce dernier cas, quelles devaient être appliquées, quelles rejetées. Les auteurs les plus savants et les plus recommandables (1) établissent une distinction qui nous semble parfaitement justifiée. Ils disent que le père est soumis aux règles de Droit commun en matière de reddition de compte. Ainsi, ils lui font application des art. 469-475 et 473; mais ils refusent de lui appliquer les art. 472-474 et 475, parce que les dispositions qu'ils contiennent sont exceptionnelles et ne peuvent s'appliquer qu'au tuteur. Reprenons un à un chacun de ces articles, et examinons si l'application que l'on a faite est exacte.

Art. 471. « Le compte définitif de tutelle sera rendu aux dépens du mineur, lorsqu'il aura atteint sa majorité ou obtenu son émancipation. Le tuteur en avancera les frais. On y allouera au tuteur toutes dépenses suffisamment justifiées et dont l'objet sera utile. » Cet article met les frais de reddition de compte à la charge du mineur. Cela est de toute équité, et doit s'appliquer au père comme au tuteur, parce qu'il est juste que, si leurs soins ont été gratuits, ils ne soient point obligés de faire des dépenses dans l'intérêt exclusif du mineur, dépenses qui resteraient à leur charge; il est juste, également, que ces mêmes frais retombent sur la tête du pupille dans le cas seulement où l'administration du père cesse par une cause naturelle. Si le tuteur est exclu, si le père est privé de l'administration par une faute personnelle, pour inconduite

(1) Demolombe, t. VI, nos 453 à 458, p. 346. — Rau, lococita, p. 687.

notoire, incapacité ou infidélité dans la gestion, eux seuls auront nécessité la reddition de compte, et les frais devront nécessairement être payés par eux : Cela est de toute justice, comme il est juste aussi que l'un et l'autre rentrent dans les déboursés qu'aura pu leur occasionner l'administration des biens qui leur sont confiés L'art. 473 portant que, « si le compte donne lieu à des contestations, elles seront poursuivies et jugées comme les autres contestations en matière civile, » est une règle confirmant les principes du Droit commun, et doit, de toute nécessité, s'appliquer au père administrateur. Il en est différemment de l'art. 472, par lequel « tout traité qui pourra intervenir entre le tuteur et le mineur devenu majeur, sera nul, s'il n'a été précédé de la reddition d'un compte détaillé et de la remise des pièces justificatives; le tout constaté par un récépissé de l'ayant-compte, dix jours au moins avant le traité. »

Cet article, en effet, est contraire aux articles 1108 et 1116, édictant que le dol ne se présume pas et que la preuve incombe à celui qui l'allègue, par conséquent il crée une exception et ne saurait être étendu en dehors du cas qu'il prévoit. Au premier abord il semblerait qu'il y a analogie de motifs pour interdire tout traité avec le mineur avant la reddition de compte, au père comme au tuteur; mais cette analogie n'existe point en réalité, parceque le tuteur souvent étranger à la famille offre moins de garantie de désintéressement que le père, et parce que le compte de tutelle est beaucoup plus long, plus difficile et plus important que le compte qui suivra l'expiration de l'administration légale. Que décider à l'égard de l'art. 474 qui fait courir les intérêts de ce qui sera dû au mineur par le tuteur, à compter du jour de la sommation, de payer qui aura suivi la clôture du compte? Nous ne l'appliquerons point davantage, parce qu'il est une exception à la règle générale de l'art. 1153, d'après lequel les intérêts ne sont dus en général qu'à compter du jour de la demande, et une exception à l'art. 1996, édictant que le mandataire ne doit l'intérêt des sommes dont il est reliquataire, qu'à compter du jour qu'il est mis en demeure. Enfin il est impossible de faire application au père administrateur de l'art. 475 ainsi conçu: « toute action du mineur contre son tuteur, relativement au fait de la tutelle, se prescrit par dix ans à compter de la majorité. » Cette prescription exceptionnelle a été établie au profit du tuteur à raison des charges onéreuses qu'impose la tutelle et notamment pour faire disparaître l'hypothèque légale qui frappe les biens d'immobilité. Ce motif n'existant pas à l'égard du père administrateur, on devra lui appliquer la règle générale posée dans l'art. 2262, d'après lequel les actions tant réelles que personnelles ne se prescrivent que par 30 ans. sans doute on place le père dans une condition moins favorable que le tuteur; mais on ne doit point oublier que les charges à lui imposées sont nombreuses, et qu'il se trouve dans une position identique à celle de tout autre administration (1). Nous avons ainsi terminé notre tâche relativement à l'administration légale des père ou mère sur le bien de leurs enfants mineurs. Nous avons suivi cette administration depuis le jour où elle prend naissance; nous avons recherché son caractère et sa nature ; nous avons indiqué les causes qui peuvent la suspendre momentanément ou la faire cesser complètement ; nous venons d'étudier les règles qui doivent guider les tribunaux dans la reddition de compte qui clôture cette administration ; il nous reste maintenant à nous occuper de l'usufruit légal; ce que nous allons faire dans la section suivante.

(1) Valette sur Proudhon, traité de l'état des personnes, t. II, 282, note 2.

Section II.

Usufruit légal des père et mère sur les biens de leurs enfants mineurs.

L'usufruit légal des père et mère sur les biens de leurs enfants mineurs est, à l'exemple de l'administration, une émanation de l'autorité des père et mère, et cette vérité ne saurait être constestée, puisque les rédacteurs du code ont placé cet usufruit, au titre même de la puissance paternelle. Il a été établi au profit des parents des mineurs, pour les aider à supporter les charges que leur imposent l'éducation, l'entretien et la nourriture de l'enfant. Les obligations toutefois des père et mère n'en existent pas moins, que l'enfant ait ou non des biens personnels. Mais n'est-il pas juste aussi que lorsque l'enfant est favorisé de la fortune, le revenu de ses biens passe dans les mains de ceux à qui ces charges sont imposées, autant par la nature que par la loi? Cela est d'autant plus raisonnable, que le père qui jouit des revenus sera disposé à les faire retomber sur la tête de l'enfant, pour lui procurer une position brillante dont l'éclat rejaillira sur la famille. Si son éloignement de la dépense, et son économie le poussent à épargner le revenu des biens dont il a l'usufruit, l'enfant ne les retrouvera-t-il pas dans la succession paternelle, et n'en jouira-t-il pas à son tour?

Comprenant que la famille était le foyer où se formaient les bons citoyens, le législateur a voulu qu'il y eût entre tous les membres, une solidarité et une égalité aussi parfaite que possible. Sous quelque régime que les époux se marient, les revenus de leurs biens serviront à supporter les charges du mariage, de quel côté que vienne la fortune, elle sera également répartie entre tous, quelque soit le nombre des enfants, ils auront une part égale dans les revenus, et contribueront à les absorber ; en retour lorsque des biens auront été légués ou donnés aux enfants, l'usufruit de ces biens viendra accroître le bien-être de toute la famille. Pouvait-on trouver une mesure plus sage et plus prévoyante ? Sans doute, il pourra arriver que des pères dissipent en folles dépenses des biens qui devaient servir à améliorer la position de leurs enfants : mais à coté de cette alternative, que de bienfaits ne résultera-t-il pas pour l'enfant, d'une jouissance tombée entre des mains économes guidées par l'affection que la nature a placée dans le cœur d'un père ? Il est aussi un autre motif qui a sans doute déterminé le législateur à accorder cet usufruit : c'est « de prévenir le plus possible, la nécessité de comptes ancien et compliqués entre le père ou la mère et l'enfant (1). » Telles sont les causes qui font ressortir la nécessité de l'attribution de l'usufruit légal, tant que s'exerce la puissance paternelle des père et mère : nous devons maintenant rechercher l'organisation de cet usufruit, dans quelles circonstances il se produit, pour arriver ensuite aux causes de son extinction.

§ 1.

Par qui l'usufruit légal est-il exercé ?

D'après l'art. 384 l'usufruit est exercé par le père durant le mariage et par le survivant des père et mères après sa dissolution. De là cette conséquence, qu'il n'appartient qu'aux père et mère de l'exercer, et qu'il ne peut jamais venir aux mains des autres ascendants et des colléteraux. Mais si le survivant n'est point tuteur, à qui appartient l'usufruit ? Il reste toujours attaché au survivant, qui pos-

(1) Démolombe, t. VI, p. 332, n° 479.

sède malgré cela la puissance paternelle dont il est une émanation. Il dure jusqu'à l'âge de dix-huit ans, ou jusqu'à l'émancipation de l'enfant si elle a lieu avant cet âge ; mais à l'exemple de l'administration légale il peut être suspendu pendant un certain temps, si le père est interdit ou absent. Dans cet intervalle, quoique le mariage ne soit pas dissout la mère conserve-t-elle l'usufruit jusqu'au moment de la levée de l'interdiction ou du retour ? Cette question controversée soulève des points délicats. M. Marcadé adopte l'affirmative par les raisons suivantes : L'usufruit légal dit cet auteur, n'est qu'une juste compensation des soins et charges de l'éducation de l'enfant et de l'administration de leurs biens, or, dans ces deux hypothèses, qui remplace le père dans l'exercice de la puissance paternelle ? la mère seule ; en conséquence elle doit en retour profiter de l'usufruit. On objectera en vain, que la loi n'a pas prévu les hypothèses qui nous occupent, qu'elle n'accorde l'usufruit qu'au père pendant le mariage, et qu'au survivant après la dissolution, que les art. 373 et 389 sont formels à cet égard. Malgré les dispositions expresses de ces articles, on ne peut pas soutenir que la mère n'aura pas dans l'espèce la puissance paternelle et l'administration, tous les auteurs sont sur ce point du même avis : Pourquoi en serait-il autrement ? Les termes de l'art. 384 sont en tout point semblables à ceux des art. 373 et 389, la logique et la raison semblent dès lors s'accorder avec l'esprit de la loi, et l'on ne s'aurait admettre une solution différente. »

Malgré les motifs puissants d'analogie que Marcadé apporte à l'appui de son système, M. Demolombe s'est fait le défenseur de la négative, voici quels sont ses arguments. Il commence par établir une distinction entre le cas où le père n'est pas déchu du droit même de la puissance paternelle, mais seulement empêché pour cause d'interdiction, par exemple, et le cas où le père en est privé absolument. Pour la première hypothèse, cet auteur décide que l'usufruit légal continu de résider sur la tête du père, en vertu de

l'art. 384. Il repousse l'analogie que l'on a voulu établir
entre cet article et les art. 373 et 389, parce que le premier
lui semble plus énergique que les deux autres, en ce qu'il
ajoute aux mots *pendant le mariage ;* ceux-ci : *après sa
dissolution.*

Il indique ensuite que, même en admettant l'identité des
termes de ces articles, les solutions ne devraient pas être
les mêmes : En effet, la puissance paternelle, quoique exercée par la mère, n'en continue pas moins à résider sur la
tête du père, « et la mère, dans ce cas, n'exerce qu'une
sorte d'intérim, plus ou moins temporaire et provisoire,
et, en réalité, elle ne fait qu'exercer les droits du mari. »
Cette opinion est confirmée par l'art. 141, qui, lorsque le
père est présumé absent, charge la mère de pourvoir à
l'éducation des enfants, et à l'administration de leurs biens,
sans lui attribuer l'usufruit : Pourquoi les mêmes règles
ne seraient-elles pas suivies, lorsque le père est en état
d'interdiction ?

Dans la seconde hypothèse, la question paraît plus délicate à l'auteur ; mais il pense que la même solution doit
être admise, quoique dans ce cas, la mère exerce de son
chef la puissance paternelle, dont le père a été privé par
application de l'art. 335 C. p. D'après M. Demolombe, cette
privation a un caractère pénal, et la loi a voulu arriver à
son but, d'une manière efficace : Mais elle n'y arriverait
certainement pas si l'usufruit, dont le père est déchu, était
conservé par la mère : percevant les revenus de sa femme,
le mari ne serait nullement atteint par la déchéance prononcée ; l'on peut tirer un argument d'analogie de l'article 730.

On doit donc conclure que lorsque l'usufruit n'existe
plus pour le père, il se réunit à la propriété au profit des
enfants et ne peut revivre que lorsque la mère survit au

père, avant que les enfants n'aient atteint l'âge de dix-huit ans (1).

L'usufruit légal, accordé par la loi, n'exige pour s'exercer aucune manifestation de volonté de la part des père et mère : ils sont aussi les maîtres d'y renoncer. Dans quelle forme devra se faire cette renonciation? La loi est muette sur ce point; c'est à la doctrine et à la jurisprudence qu'il appartient de nous éclairer.

M. Duranton propose une déclaration formelle, passée par le père ou la mère devant un conseil de famille ou un notaire. Ce mode de déclaration est adopté par M. Demolombe, qui conseille en outre au père ou à la mère, de faire cette renonciation d'une manière contradictoire avec les représentants de l'enfant; par exemple, avec le tuteur ou le subrogé-tuteur. Cette renonciation peut-elle avoir lieu avant l'entrée en jouissance, par contrat de mariage? A l'appui de l'affirmative, on dit : « Dans l'intérêt de qui est faite cette renonciation, si ce n'est dans l'intérêt pécuniaire de l'enfant? Elle n'a rien de contraire à la puissance paternelle et à l'ordre public, elle semble plutôt autorisée par l'art. 1388, dont nous avons eu l'occasion de parler dans une hypothèse à peu près analogue : Cet article, en effet, ne défend aux époux de déroger, qu'aux droits résultant sur la personne de la femme et des enfants, ou qui appartiennent au mari comme chef, et aux droits conférés au survivant, par le titre de la puissance paternelle. L'usufruit légal rentre-t-il dans les droits de la première espèce? Semble-t-il compris dans ceux de la seconde? Evidemment non, puisqu'il s'exerce durant le mariage et n'appartient pas seulement au survivant des époux : l'avis de Treilhard, au conseil d'Etat, est contraire à notre manière de voir; mais cet avis a-t-il été adopté par le conseil d'Etat? Rien ne le prouve, et le contraire, semble

_____

(1) Demolombe, t. VI, n° 482 à 485, p. 564. — Delvincourt, t. I, p. 93, note 9, Zachariæ, t. III, p. 674, note 8.

résulter de la rapidité avec laquelle l'avis a été émis, sans que la discussion roulât sur la question spéciale qui nous occupe (1). »

Malgré la force apparente des arguments sur lesquels s'appuient les partisans de l'affirmative, nous ne saurions nous ranger à leur opinion. En effet, malgré l'affirmation de nos adversaires, les deux dispositions de l'art. 1388 viennent se joindre, pour démontrer que ni le père, ni la mère, ne peuvent renoncer à leur droit d'usufruit avant leur entrée en jouissance.

Le premier alinéa défend d'apporter une dérogation quelconque aux droits qui sont délégués au mari comme chef; or, n'est-ce pas précisément en cette qualité que le père a l'usufruit légal, *constante matrimonio*, par préférence à la mère? Le deuxième alinéa défend d'apporter une modification quelconque aux droits attribués au survivant des époux par le titre de la puissance paternelle. Or, l'usufruit légal n'est-il pas attribué au survivant par le même titre? pourra-t-il y renoncer? Les paroles de Treilhard sont formelles à cet égard. « Cet art. (1388) ne parle de la puissance paternelle que pour défendre les stipulations qui priveraient le père de son pouvoir sur la personne de ses enfants et sur l'usufruit de leurs biens (2). Dira-t-on que le conseil d'Etat a négligé cet avis? S'il avait paru contraire à sa manière de voir, quelques-uns de ses membres ne se seraient-ils pas empressés de relever ces paroles? S'ils ne l'ont pas fait, c'est que cet avis a paru conforme aux principes et à l'esprit de la loi. Nous ajouterons enfin, comme considération, que s'il est facile de comprendre que le père ou la mère puissent renoncer à l'usufruit légal lorsqu'il est déjà né, puisque c'est un avantage que l'un et l'autre sont complètement libres d'accepter ou de refuser, on ne voit pas aussi aisément les motifs qui les pousseraient à y re-

---

(1) Zach., t. III, p. 401, note 3.
(2) Locré, leg. civ., t. XIII, p. 166.

noncer, sans avoir pesé les inconvénients que peut entraîner pour eux cette renonciation. L'usufruit des père et mère a été établi autant dans un intérêt public que dans un intérêt privé; aussi, doit-il être défendu de modifier par un esprit de caprice, les volontés du législateur. Les époux pourraient se repentir plus tard de leur renonciation inconsidérée, sans qu'ils pussent revenir en aucune manière sur leur détermination. N'est-il pas plus rationnel d'attendre que le droit se soit ouvert à leur profit? Alors, ils pourront mettre dans la balance, les revenus et les charges, et voir s'il est plus avantageux pour eux de renoncer à ce droit ou d'en user (1).

Nous avons vu à quelles personnes la loi confie l'usufruit légal, nous devrions l'étudier dans sa durée, mais nous réservons cet examen à la dernière section dans laquelle nous traiterons des causes d'extinction et de déchéance de l'usufruit légal.

§ 2.

Quels biens comprend cet usufruit?

La réponse se trouve dans l'art. 384. « Le père durant le mariage, et la mère après la dissolution du mariage, jouiront des biens de leurs enfants. » De cet article, on peut faire découler ce principe que l'usufruit légal est de sa nature un droit universel embrassant tous les biens, excepté ceux que la loi en a formellement exempté, à la condition toutefois, que les biens soient acquis à l'enfant. Si une succession, par exemple, lui était dévolue, le père ou la mère, ne pourraient en avoir la jouissance qu'à dater

_____

(1) Demolombe, t. VI, n°s 490, 491, p. 373. — Rodière et Pont, *Traité du contrat de Mariage*, t. I, n°s 61 à 63.

du jour où la succession aurait été acceptée au nom du mineur avec les formalités que nous avons indiqué dans le § 1 de l'administration légale (461). Si le père est tuteur, membre du conseil de famille ou subrogé-tuteur, l'acceptation ou répudiation qu'il aura votée, n'aura aucune influence sur l'usufruit que lui attribue la loi.

En effet, si la succession est répudiée, il ne pourra prétendre à aucun usufruit, malgré qu'il se soit prononcé pour l'acceptation, cette succession n'étant jamais en droit, à cause de la rétroactivité de la répudiation, entrée dans le patrimoine de l'enfant. Si elle est au contraire acceptée, le père pourra toujours prétendre à l'usufruit, encore qu'il ait voté pour la répudiation, parce qu'il est de principes qu'une personne agissant *tutorio nomine*, ne doit jamais préjudicier à ses droits personnels. « La vocation de la loi pour le père, quant à l'usufruit étant nécessairement subordonnée à celle des enfants quant à la propriété, il ne peut être exact de dire que le père ait renoncé à son usufruit, lorsque le droit n'était pas encore ouvert (1). »

Du principe que l'usufruit legal est universel, on peut tirer cette conséquence que les pères et mères peuvent jouir de toute espèce de fruits, soit naturels, soit industriels, soit civils (582), mais auront-ils la jouissance de l'usufruit laissé à leur fils mineur? Évidemment, car dans ce cas l'usufruit légué constitue la propriété de l'enfant, et que les pères et mères ont la jouissance de toutce qui leur appartient.

On a fait une objection, contre la solution que nous proposons. « En quoi consiste le legs de cette nature, sinon dans la jouissance, puisque le legs comprend seulement la jouissance. En en faisant passer le bénéfice sur la tête du père, on méconnait évidemment les intentions du testateur. Sa volonté d'exclure le père n'est-elle pas suffi-

(1) Proudhon, de l'usufruit, t. I, n° 138, p. 166.

samment exprimée? Que restera-t-il au fils pendant la
jouissance du père? » Cette objection ne nous paraît pas
fondée ; les auteurs qui l'ont soulevée, ont eu tort de considérer l'usufruit en tant qu'usufruit. C'est une propriété
qui entre dans le patrimoine de l'enfant ; l'usufruit de
cette propriété appartiendra au père jusqu'à l'époque fixée
par la loi, et à ce moment cette propriété retournera
entre les mains du fils qui recueillera les fruits à son
tour. L'art. 1568 vient justifier pleinement notre théorie :
d'après cet article, les usufruitiers d'un usufruit, ne sont
obligés que de restituer le droit lui-même et non les fruits
échus pendant la jouissance. La même solution doit être
adoptée dans le cas où il s'agit d'un legs de rente viagère (588). Si une rente viagère est établie sur la tête d'un
enfant, les pères et mères en jouissent intégralement sous
la seule obligation de rendre à la cessation de leur jouissance, le titre dans l'état où il se trouvera (1). Du principe
enfin que l'usufruit légal comprend l'universalité des biens
appartenant à l'enfant, on peut tirer cette dernière conséquence, qu'il embrassera tous les biens sans exception,
excepté ceux que la loi en aura formellement écarté. Nous
devons par suite rechercher les exceptions apportées par
le législateur à la jouissance des pères et mères.

A l'époque de la promulgation du Code Napoléon, l'usufruit n'avait pas lieu dans cinq cas ; 1° au profit de celui
contre le qui divorce avait été prononcé (386) ; 2° lorsque les
biens de l'enfant étaient compris dans un majorat (2) ;
3° lorsqu'un legs était fait à l'enfant à la condition expresse
que les père et mère n'en jouiraient pas ; 4° dans le cas ou
l'enfant acquerrait des biens par un travail et une industrie séparée (387) ; 5° enfin si une succession était dévolue
à l'enfant, par suite de l'indignité de son père ou de sa
mère qui y étaient d'abord appelé (730). Aujourd'hui le

(1) Dalloz, rep. v°, prin. pat., n° 102; p. 884.
(2) Avis du Com. d'Etat 50j,anv. 1811.

divorce et les majorats ayant été abolis, le premier par la loi du 8 mai 1810 et le second par celle du 30 juin 1849, il ne reste plus que trois exceptions, que nous allons étudier en détail.

Première exception. — Biens légués à la condition expresse que ni le père ni la mère n'en auront l'usufruit.

S'il est juste, que les père et mère aient la jouissance des biens légués à leurs enfants mineurs, il est juste aussi que le testeur soit libre de disposer de ces biens de la manière dont il l'entend. Il peut arriver quelquefois qu'il ait des motifs d'animosité ou de défiance contre le père ; et s'il ne lui avait pas été permis de concentrer sa libéralité sur la tête de l'enfant, et s'il l'avait, vu forcément rejaillir sur la tête du père peut-être n'aurait il pas fait de legs au profit de l'enfant, dont les intérêts auraient été atteints de cette manière. En conséquence, le législateur a permis au testateur de soustraire les biens légués à l'usufruit des père et mère, mais comme cet usufruit est considéré avec beaucoup de faveur, il faut que la volonté du disposant soit clairement manifestée; aussi les rédacteurs du code ont-ils exigé que la mention fut expresse. On ne doit pas pourtant, prendre ce dernier terme dans un sens trop rigoureux et exiger un formule sacramentelle, il suffira que l'intention du testateur s'induise des termes de la disposition. Ainsi, par exemple, s'il est dit que l'exécuteur testamentaire fera l'emploi et le placement du legs jusqu'à la majorité du légataire, le testateur est présumé avoir voulu affranchir le legs de la jouissance légale du père (1). Il en est de même, lorsque le testateur aura indiqué la manière dont doivent être employés les fruits et revenus des biens donnés ou légués à l'enfant. *Quid* dans le cas où il aurait donné une moitié des biens au père, et l'autre à l'enfant ? Lepeyrère a prétendu que l'usufruit de la

(1) Paris, 24 mars 1812.

partie des biens laissés à l'enfant, ne devait pas profiter au
père ; mais cette prétention est inadmissible sous l'empire
du code, car ce n'est point comme héritier que ce dernier
aurait la jouissance, mais en sa qualité de père et en vertu
de la puissance paternelle. Les auteurs sont aussi divisés
pour savoir si l'usufruit peut être retiré des biens composant la réserve légale. Pour l'affirmative, on soutient que
la libéralité amoindrissant la réserve n'est pas nulle de
plein droit, mais que l'on peut demander sa réduction ; or
par qui peut être intentée l'action en réduction, si ce n'est
pas le réservataire ou ses représentants (921). Donc la prétention par laquelle le père soutiendrait que la réserve n'a
pu être affranchie de son usufruit légal, aurait pour effet
immédiat d'enlever à l'enfant une action qui a été introduite uniquement dans son intérêt, et de diminuer sa
réserve au profit du père, malgré sa volonté (1).

Ces raisons ne nous paraissaient pas aussi concluente
que celles sur lesquelles se sont appuyés les auteurs pour
faire triompher l'opinion contraire. On ne peut nier d'abord
que personne ne peut disposer de la réserve, parce qu'elle
est attribuée par la seule volonté de la loi; on ne peut
également la grever d'aucune charge, d'aucune condition
elle doit arriver à l'enfant intacte dans les limites que la
loi elle même a tracé (913). La réserve ne serait-elle pas
diminuée entre les mains de l'enfant lui-même, si l'usufruit légal était enlevé au père ? Evidemment non, puis-
quelle serait grevée d'une condition par rapport à l'usufruit, et que sa nature n'est pas la même des autres biens du
fils ; en second lieu, l'enfant lui-même peut avoir un grand
intérêt à ce que son père soit usufruitier ; en effet, lorsque l'enfant a des biens personnels, le père est affranchi
des devoirs de prélever sur ses propres revenus, pour pourvoir à l'entretien et à l'éducation de l'enfant. Si l'on sup-

(1) Valette sur Proudhon, t. II, p. 264. — Duverger sur Toullier, t. II,
n° 1067.

.11

pose, qu'une clause insérée dans un testament, prive le
père de l'usufruit, il pourra forcer le réservataire à pourvoir à son éducation avec les fruits des biens légués, sans
toucher aux siens ; tandis que dans le cas contraire, il eût
peut-être accumulé pour donner à l'enfant une éducation
plus brillante, les revenus composant la réserve et ses propres revenus. Donc on n'est pas autorisé à dire ainsi que
le prétendent les partisans de l'affirmative, qu'il n'y a pas
d'intérêt à ce que l'usufruit ne soit pas ôté au père ; l'enfant lui-même aurait au contraire le droit d'intenter une
action en réduction à cause de l'atteinte portée à ses droits
en soutenant que sa réserve a été entamée, et en faisant
déclarer la condition non écrite comme contraire à la loi.
Or, si l'enfant peut mettre en exercice l'action en réduction, pourquoi le père ne le ferait-il pas ? Lui sera-t-il
défendu de soutenir que la privation des droits d'usufruit
porte atteinte à des droits que lui confère la loi ? car il faut
se rappeler (nos adversaires semblent l'oublier facilement), que l'action en réduction, peut être intenté, non
seulement par le réservataire, mais encore par ses héritiers
ou ayant cause. Ne pourrait-on pas prétendre, que le père
est ici l'ayant cause de son fils ?

Il a un intérêt direct à exercer l'action en réduction, afin
de rentrer dans son droit d'usufruit, parce que son droit à
la jouissance s'ouvre en même temps que naît pour le fils
le droit à la propriété, et qu'il est nécessaire, pour l'exercice de ce droit, qu'il ait une action semblable à celle qu'a
l'enfant pour faire réduire la donation portant atteinte
à la propriété réservée par la loi. En vain on objectera que
la loi a permis au testateur de priver le père de l'usufruit
des biens donnés ou légués à l'enfant : nous répondrons
qu'il n'y a point d'assimilitation possible entre une donation ou un legs et la réserve ; cette dernière ne peut être
ni donnée ni léguée, puisqu'elle revient à celui en faveur
duquel elle a été établie, alors même qu'il y aurait eu donation ou legs. Ce principe nous servira à produire un argu-

ment : puisque la réserve n'est point une chose léguée, pourrait-on comprendre qu'elle fît l'objet d'un legs, et fût par suite susceptible d'être grevée d'une condition.

Si donc on ne peut opposer aucune condition à sa transmission, cette condition, lorsqu'elle aura été apposée, devra être considérée comme contraire à la loi, et par suite réputée non écrite (1). Toullier (2) admet deux distinctions ; il distingue d'abord entre les donations entre-vifs et les legs : « Quant aux premières, dit-il, il faut distinguer encore si elles ont été acceptées par le père ou la mère au nom des enfants donataires, car cette acceptation, faite sans réserve, serait considérée comme une renonciation tacite au droit d'usufruit qui s'ouvre en faveur du père au moment même que les enfants acquièrent la propriété des biens donnés »; mais dans les deux autres cas, c'est-à-dire lorsque les donations auront été acceptées sans réserve, ou lorsqu'il s'agira d'une donation testamentaire, notre auteur admet que les pères et mères ne pourront être privés de l'usufruit légal sur la réserve de leurs enfants.

2° Exception. — Biens provenant d'une succession dont le père a été déclaré indigne, et dévolue à l'enfant à suite de cette indignité. — L'art. 730 du Code édicte que « les enfants de l'indigne, venant à la succession de leur chef et sans le secours de la représentation, ne sont pas exclus par la faute de leur père ; mais celui-ci ne peut en aucun cas réclamer sur les biens de cette succession l'usufruit que la loi accorde aux pères et mères sur les biens de leurs enfants. » Quoique cet article ne nomme que le père, on doit l'étendre à la mère qui s'est rendue indigne de succéder, puisque dans sa disposition finale il parle de l'usufruit « accordé aux pères et mères » sur les biens de leurs en-

___

(1) Duranton, t. III, n° 576. — Proudhon, des personnes, t. II, p. 161 et droits d'usufruits, t. I, n° 152, p. 183. — Demolombe, t. VI, n° 513, p. 589, etc.

(2) Toullier, t. II, n° 1007, p. 298.

fants. Nous aurons l'occasion de parler de nouveau de cette
exception, quand nous nous occuperons des déchéances de
l'usufruit légal.

3° Exception. — Biens que l'enfant a acquis par un travail
ou une industrie séparée. — Pour que les biens que l'enfant
a acquis par son travail et son industrie soient soustraits à
l'usufruit légal, il est nécessaire que ce travail ou cette
industrie soient séparés, c'est-à-dire qu'il n'existe aucune
connexité entre les occupations du père et celles du fils ; il
faut que ce dernier travaille hors de la demeure paternelle,
ou du moins pour le compte d'un autre personne que le
père ; car, en dehors de ces exceptions, il doit son travail
et son application à celui qui est obligé au nom de la loi de
pourvoir à son entretien, à son éducation, et à la surveillance duquel il ne saurait échapper sans se mettre sous le
coup des moyens de correction dont nous avons déjà parlé
dans la section 5 du chap. II ; mais il n'est point nécessaire
qu'il ait une autre résidence ou un autre domicile, puisque,
tant qu'il est sous la puissance paternelle, le mineur ne
peut avoir un domicile autre que celui de son père ; il suffit
que l'industrie lui soit personnelle. Malgré que ces biens
lui soient acquis dès à présent, il ne peut les conserver
entre ses mains ; il est obligé de les confier au père, qui les
administre suivant les règles que nous avons tracées au
chapitre de l'administration légale. Que décidera-t-on par
rapport aux biens qui surviennent à l'enfant, non par son
travail ou son industrie, mais par un caprice de la fortune
ou un effet du hasard, par exemple, de sommes gagnées au
jeu, un trésor découvert, etc. ? Ces sommes seront-elles
frappées de l'usufruit légal, ou bien le père devra-t-il les
administrer pour les restituer dans leur intégralité de propriété et de fruits ? D'après le principe que nous avons
exprimé plus haut, l'universalité de l'usufruit, nous devons
décider que tous les biens, hormis ceux formellement ex-
ceptés par la loi, sont grevés de jouissance au profit des

pères et mères. Quelques auteurs ont élevé des difficultés relativement au trésor.

Ils ont examiné deux hypothèses : 1° le trésor a été découvert par le fils ; 2° il a été trouvé par un tiers sur les biens personnels de l'enfant. Plusieurs auteurs admettent notre solution dans la première hypothèse (1), quelques autres font une distinction : le trésor a-t-il été découvert accidentellement, par le pur effet du hasard, il sera soumis à l'usufruit ; la découverte est-elle due à la recherche et aux travaux du fils concentrant ses efforts vers ce but, le père n'en aura que l'administration (2). Dans la deuxième hypothèse, les auteurs cités dans la note précédente sont d'accord pour décider que le trésor découvert par un tiers sur les biens de l'enfant est soumis au droit d'usufruit pour la moitié revenant à l'enfant (716). Quelques-uns d'entre eux n'acceptent cette solution qu'en hésitant lorsqu'ils se trouvent en présence de l'art. 598, alin. 2, qui décide que l'usufruitier « n'aura pas droit au trésor qui pourrait être découvert pendant la durée de l'usufruit ». Malgré cet article, nous croyons devoir maintenir l'affirmative, parce que l'exception faite par le législateur vis-à-vis d'un usufruitier ordinaire ne nous paraît pas devoir s'étendre à l'usufruit légal que les rédacteur du Code ont entouré de leurs sympathies.

§ 3.

Quelles sont les charges imposées à l'usufruitier légal?

Malgré le terme de « jouissance » employé par l'art. 384, le droit des pères et mères sur les biens de leurs enfants

---

(1) Proudhon, n° 150, p. 180. — Demolombe, t. II, n° 505, p. 585. — Massé et Vergé sur Zach., p. 570, note 7.

(2) Vazeille, cout. de mar., t. II, n° 445, p. 215.

mineurs est un véritable droit d'usufruit, puisqu'ils sont
assujétis aux charges des usufruitiers ordinaires (385).
D'un autre côté, comme l'usufruit légal diffère de l'usufruit
ordinaire par sa nature même, car le premier est une émanation de la puissance paternelle, et le second dérive de la
seule volonté de l'homme, les obligations de l'usufruitier
légal doivent être plus étendues que celles de l'usufruitier
ordinaire. L'art. 385 énumère les charges imposées sur ce
point aux pères et mères; ce sont: 1° celles auxquelles sont
tenus les usufruitiers; 2° la nourriture, l'entretien, l'éducation des enfants; 3° le paiement des arrérages ou intérêts
des capitaux; 4° les frais funéraires et ceux de dernière
maladie. Reprenons séparément chacune de ces charges.

1° Charges de l'usufruit ordinaire. — Les obligations de
l'usufruitier sont de deux sortes : les unes ont pour objet
de garantir au propriétaire la restitution des objets soumis
à l'usufruit, car l'usufruitier ne peut percevoir les fruits
que *salvâ rerum substantiâ*. Aussi, avant son entrée en
jouissance, est-il tenu de faire dresser, en présence du propriétaire, un inventaire des meubles et un état des immeubles sujets à l'usufruit (600), de donner caution de jouir en
bon père de famille (601), à moins qu'il n'en soit dispensé.
Une exception cependant a été établie en faveur des pères
et mères ayant l'usufruit légal des biens de leurs enfants :
ils ne sont point soumis à la caution; ils contractent seulement l'obligation de jouir en bon père de famille. Les
autres obligations, prennent naissance au jour de l'entrée
en jouissance et expirant en même temps que l'usufruit,
ont pour but principal de déterminer dans quelle mesure
l'usufruitier et le propriétaire devront contribuer aux
réparations des immeubles (605, 606, 607), comment l'usufruitier devra acquitter les charges annuelles, en vertu de
la maxime *ubi est emolumentum, ibi debet esse onus*, de
quelle manière se répartiront ces charges lorsqu'elles auront été imposées sur la propriété pendant la durée de
l'usufruit (609-613), et enfin comment sera réglée la con-

tribution aux dettes entre le propriétaire et l'usufruitier.

2° Nourriture, entretien, éducation des enfants suivant leur fortune. — Cette deuxième charge semble se confondre avec l'obligation que contractent les époux par le seul fait du mariage, de nourrir, d'élever et d'entretenir leurs enfants ; mais il existe entre les deux situations des différences essentielles. D'abord, les sources de ces deux obligations sont différentes : l'une provient du seul fait de la naissance de l'enfant ; l'autre a pour cause l'usufruit lui-même, qui a été accordé au père, ainsi que nous l'avons déjà fait remarquer, afin qu'il pût donner à l'enfant une éducation plus brillante, dans le cas où il aurait été lui-même peu favorisé de la fortune. De ce principe on peut déduire les conséquences su'vantes : dans le cas où le père n'aurait la jouissance d'aucuns biens, il serait tenu de pourvoir à la nourriture et à l'entretien de l'enfant, selon sa fortune personnelle ; il ne devrait payer les frais de cette éducation qu'autant que l'enfant n'aurait pas de biens propres ; les pères et mères contribueraient également au paiement des frais d'éducation et d'entretien. Lorsque, au contraire, les biens sont soumis à l'usufruit légal, le père est tenu de pourvoir à l'entretien de l'enfant, selon l'importance des biens de ce dernier ; ces frais devront être prélevés sur les biens grevés d'usufruit, alors même que l'enfant aurait des biens personnels. Ces prélèvements viennent en même temps diminuer les charges de l'art. 203 au profit de l'époux non usufruitier.

Qu'arriverait-il si le père négligeait l'éducation de ses enfants, et n'employait pas les revenus à l'acquittement des diverses charges? Nous croyons que l'enfant émancipé ou parvenu à sa majorité serait en droit de lui en demander compte, parce que l'usufruit n'a été accordé qu'à la condition d'acquitter les charges auxquelles il donne naissance. La jurisprudence a eu à faire une application de ce principe. Il a été jugé que si le père avait totalement négligé l'éducation d'un enfant qui avait des biens considérables, et si, au lieu de l'élever suivant son état, il l'avait constamment employé à des travaux domestiques, les plus grossiers, il pourrait être tenu de restituer tout ce qu'il aurait retenu en vertu de sa jouissance légale (1).

3° Paiement des arrérages ou intérêts des capitaux.

Deux sortes d'arrérages ou d'intérêts peuvent être dus : 1° Ceux antérieurs à l'usufruit ; 2° ceux accumulés pendant la durée de la jouissance. Dans le silence de la loi quels devront être acquittés par le père ? Devra-t-on choisir les premiers, les seconds, les réunir ? Ces questions soulèvent de très grandes controverses parmi les auteurs, et la jurisprudence a adopté tour à tour chacune de ces opinions. Il nous semble utile de reproduire les deux premiers systèmes, afin de montrer ce qu'ils ont de défectueux à nos yeux, et proposer l'adoption du troisième qui nous semble le seul conforme au texte et à l'esprit de la loi.

1er *Système.* — Le père doit seulement le paiement des arrérages ou intérêts échus avant l'entrée en jouissance. Dans le premier alinéa de l'art. 385, le législateur édicte à l'égard de l'usufruit légal, une règle générale, renvoyant pour son application au titre de l'usufruit ordinaire ; dans le troisième alinéa, il énumère des règles spéciales à la jouissance légale auxquelles n'est pas soumis en conséquence l'usufruit conventionnel : or d'après les art. 608 et 610 le paiement des intérêts et arrérages échus pendant la durée de l'usufruit ordinaire, est une charge imposée à tout usufruitier, donc le premier alinéa ne peut s'appliquer qu'aux arrérages ou revenus échus avant l'entrée en jouissance. A quels intérêts ou arrérages peut s'appliquer l'alinéa 3, si ce n'est aux intérêts ou arrérages déjà échus ? Ne serait-ce point une redondance, que d'appliquer à ces mêmes intérêts ou arrérages, la règle générale ? Telle n'a

(1) Cassation, 23 av. 1817. — Dalloz, rép., v° puiss. pat., n° 121.

pu être évidemment la pensée du législateur : cette opinion
prendra plus de consistance, dans notre esprit, si nous
comparons entre eux les trois derniers alinéas de l'art. 385,
les arrérages et intérêts sont placés sur la même ligne que
l'entretien, la nourriture, l'éducation des enfants, et les
frais funéraire et ceux de dernière maladie : or, ces frais
ne sont pas, suivant la règle générale, des charges de
l'usufruit. Pourrait-il en être autrement des intérêts et
arrérages dont nous nous occupons? N'est-il pas plus juste
au contraire de supposer que le législateur a voulu mettre
ces derniers à la chage exclusive du père, afin de ne point
altérer en quoi que ce soit le patrimoine de l'enfant? Sans
doute, il pourra arriver que le droit de l'usufruitier sera
moindre; mais, dans le cas où ces charges lui paraîtraient
trop onéreuses, l'usufruitier ne peut-il pas dès à présent
renoncer à sa jouissance?

2ᵉ *Système.* — Il ne doit les intérêts et arrérages échus
que pendant la durée de l'usufruit.

Les intérêts et arrérages de capitaux échus avant le jour
de l'entrée en jouissance, doivent être considérés comme
des capitaux dont le paiement est à la charge de l'héritier;
car ce dernier seul est tenu des dettes actives et passives;
l'usufruitier n'est tenu d'acquitter, que les intérêts cou-
rants depuis l'époque où il a pris possession de son droit (1).
Ce principe général n'a pu être modifié par l'art. 385. Si
le législateur avait eu l'intention d'étendre les charges de
l'usufruit jusqu'au paiement de tous les arrérages et intérêts des capitaux échus avant son ouverture, il s'en serait
clairement expliqué dans l'alinéa 3 de l'art. précité; en
restreignant au contraire ses termes dans les limites des
obligations imposées à l'usufruitier en général, il a voulu
ne point imposer à l'usufruitier légal, la charge de payer
d'autres intérêts ou arrérages que ceux qui sont à la charge

(1) Bordeaux, 12 mars 1840.

de tout usufruitier. Cette intention du législateur est encore corroborée par deux faits : nous devons faire remarquer, disent les partisans de ce système, que l'art. 385 a été décrété le 24 février 1803 et promulgué le 3 mars suivant, tandis que l'usufruit n'a été décrété que le 4 janvier 1804 et promulgué le 9 février de la même année ; n'était-il pas naturel dès-lors, qu'en réglant les charges de l'usufruit légal, lorsque celles de l'usufruit ordinaire n'auraient pas encore été abordées, le législateur mentionnât, pour le cas particulier dont il s'occupait, une des charges qui avait toujours été celle de tout usufruit en général ? Nous ajouterons encore que les dispositions du troisième alinéa de l'article 385 ne serait pas une rédondance, ainsi qu'on le prétend, même en présence des dispositions de la loi sur les charges de l'usufruit en général ; le législateur a voulu seulement indiquer qu'à la différence de l'usufruitier ordinaire, l'usufruitier légal ne pourrait à sa volonté s'affranchir d'intérêts onéreux par la vente des biens assujettis à l'usufruit, dans le but de payer les capitaux qui produisent ces intérêts : de quelque manière qu'il procède, il n'en devra pas moins acquitter les arrérages ou intérêts, mais à partir seulement de son entrée en jouissance. Astreindre d'ailleurs l'usufruitier légal à la nécessité de payer les annuités accumulées, capitalisés précédemment, ne serait-ce pas supposer les gardiens de la puissance paternelle tenus de toutes les dettes mobilières du mineur ? Or l'art. 385 parle-t-il de l'acquittement des dettes mobilières dans une seule de ses dispositions (1) ?

3ᵉ *Système.* — Il est tenu d'acquitter tous les intérêts et arrérages et capitaux tant antérieurs que postérieurs, à l'ouverture de son droit d'usufruit.

(1) Rolland de Villargues, rép. du not., vᵒ usuf. leg., nᵒ 62. — Chard. puiss. pat., nᵒ 150. — N: es, 31 décembre 1855.

Cette théorie est la seule qui nous paraisse conforme à l'esprit et au texte de la loi 1° A l'esprit, l'intention du législateur (ce principe est reconnu de tout le monde) est que la jouissance légale ne doit diminuer sous aucun prétexte et dans aucun cas, le capital composant le patrimoine de l'enfant, que celui-ci doit retrouver intact à l'époque fixée par le code. Or, ne serait-ce point méconnaître à bon escient cette intention que de mettre les arrérages à la charge du mineur? Ne pourrait-il pas arriver que pour les acquitter l'usufruitier se trouvât dans la nécessité de vendre une partie des biens de l'enfant. Sans doute la charge imposée au père et à la mère de supporter ces arrérages, peut dans certaines circonstances excéder le bénéfice de la jouissance qui leur est attribuée, mais n'ont-ils pas la facilité de se soustraire à cette obligation en renonçant purement et simplement à l'usufruit, au moment de l'ouverture de leur droit? La renonciation, en effet ne doit pas être tardive, car on pourrait comme nous l'avons déjà dit, leur faire supporter toutes les charges de l'art. 385 depuis le moment où l'usufruit a pris naissance, jusqu'au moment où ils auront renoncé. 2° Cette théorie est conforme au texte. Les auteurs qui ont soutenu le premier système, ont parfaitement raisonné à leur point de départ, il est bien vrai que si l'alinéa 1 de l'art. 385 met à la charge de l'usufruitier les intérêts et arrérages à venir, l'alinéa 4 du même art. ne pourra s'entendre que des intérêts et arrérages déjà échus, et cet alinéa ne sera plus une redondance ; mais abandonnant tout à coup la bonne voie où ils sont entrés un moment, ils sont arrivés à un résultat opposé entièrement aux principes qu'ils venaient d'établir. Ils commencent par déclarer que le § 1, met à la charge de l'usufruitier les intérêts ou arrérages *in futurum*, et les font immédiatement supporter par l'enfant, ce résultat est illogique. Que ces auteurs soutiennent s'ils le veulent, que le § 3 n'est qu'une application de la règle générale édictée dans le § 1 : ils seront du moins logiques avec eux mêmes;

car ils arriveront à ce résultat de mettre à la charge du mineur, le paiement des intérêts et arrérages des capitaux échus avant l'ouverture de l'usufruit. Mais pourtant ils ne peuvent nier que le § 3 ne soit une exception au § 1 et que en outre des charges de l'usufruit ordinaire, l'usufruitier légal ne soit tenu de certaines obligations spéciales et que ces obligations spéciales ne puissent être autres pour le cas qui nous occupe, non-seulement que le paiement des intérêts échus depuis l'ouverture de l'usufruit, mais encore que l'acquittement de ceux dûs avant cette ouverture par les personnes dont le mineur a recueilli la succession. Cette opinion est celle du reste qui réunit le plus de partisans : cela devait être, parce qu'elle est formellement consacrée par l'art. 385 (1).

Le mot arrérage employé par le législateur dans l'art. 385 comprend-il les arrérages de rentes foncières et viagères ? Non, d'après certains auteurs (2) parce que les arrérages de rentes foncières ne sont pas les arrérages de capitaux, et parce que la rente viagère n'est que le produit d'une convention aléatoire ; oui d'après quelques autres, car ces deux sortes de rentes ne sont que des capitaux, puisqu'elles sont considérées comme des meubles aux termes même de l'art. 529 : pour la rente viagère, on pourrait même ajouter qu'elle a un capital, puisque il a été jugé qu'elle peut être constituée sous la condition résolutoire, qu'à défaut de paiement des arrérages pendant un certain temps, le capital sera remboursable (3).

Cette dernière opinion nous paraît la plus conforme à l'esprit de la loi ; les termes si vagues de l'art. 385, nous entraînent à penser que les rédacteurs du code ont eu vue les intérêts ou arrérages produits par un capital quelconque. Mais nous ne croyons pas que cette obligation doive

(1) Vazeille du mariage, t. II, n° 438. — Mourlon, reper., tome I, p. 813, etc.

(2) Proudhon, usuf., t. I, n° 200.

(3) Cass., 23, août 1843.

être étendue aux loyers et fermages dûs par la personne a laquelle l'enfant a succédé.

4° Frais funéraires et de dernière maladie.

S'agit-il des frais occasionnés par la dernière maladie et la sépulture de l'enfant, ou bien des mêmes frais auxquels donné lieu la dernière maladie et la sépulture dont a hérité le mineur? Malgré la doctrine soutenue par certains auteurs (1), il nous semble que la loi n'à voulu parler que des derniers frais. En effet. Quel est le but de cette disposition? Est-ce d'assurer à l'enfant des soins pendant sa dernière maladie, et des funérailles appropriées à sa fortune après sa mort? Evidemment non, puisque ceux qui ont fourni des médicaments et des soins à l'enfant, ceux qui auront fait l'avance des frais funéraires, auront pour le remboursement des sommes à eux dûs, un privilége sur les biens de la succession, d'ailleurs le père qu'il soit usufrui- ou non, n'est-il pas tenu de prodiguer à l'enfant les soins nécessaires, non-seulement durant sa dernière maladie, mais encore pendant toute les maladies qui peuvent lui survenir tant qu'il est sous la puissance paternelle? Si l'enfant vient à décéder, l'usufruit légal ne sera-t-il pas éteint en même temps? L'usufruit n'est plus et l'on voudrait que les frais dont nous nous occupons fussent payés par l'usufruitier seul, ce qui rendrait moins onéreuses les charges de la succession à l'égard des autres parents qui sont appelés à la recueillir? Ce résultat blesse trop l'équité pour que nous croyons que les rédacteurs du code aient voulu le sanctionner. N'est-il pas plus juridique et en même temps plus rationnel de décider que par frais de dernière maladie et funéraire, on a voulu parler des frais occasionnés par le *de cujus*, à la succession duquel le mineur est appelé?

En règle générale, ces frais devraient être supportés par la succession; mais comme le législateur a voulu venir en aide aux enfants, il a été établi certaines charges

(1) Taulier, t. I, p. 803, etc.

exceptionnelles dont est grevé l'usufruitier, toutes ces charges, viennent diminuer d'autant son usufruit dès le moment même de l'ouverture de son droit, et l'on voudrait que celle-là seule eut lieu précisément à l'extinction du droit. Une pareille supposition est inadmissible. Ces frais, en général peu considérables, seront payés par les pères et mères et soulageront ainsi les enfants, dont les biens seront intacts. Cette solution est conforme à l'opinion professée par la majorité des auteurs et les deux seuls arrêts mentionnés par les recueils de jurisprudence se sont prononcés dans ce sens (1).

§ 4.

Quels sont les droits de l'usufruitier légal.

Les droits des pères et mères ayant la jouissance légale des biens de leurs enfants mineurs, sont les mêmes que ceux d'un usufruitier ordinaire. Ainsi ils peuvent jouir de toute espèce de fruits, soit naturels, soit industriels, soit civils, percevoir les arrérages de rentes viagères sans être tenus à aucune restitution, sauf l'acquittement des obligations à eux imposées que nous avons fait connaître dans le paragraphe précédent, profiter de la coupe des bois taillis et des arbres de haute futaies, conformément à l'aménagement ou à l'usage constant des propriétaires et dans les conditions énumérées par les art. 590 à 595, jouir de l'augmentation survenue par alluvion à l'objet dont il a l'usufruit, des mines et carrières qui sont en exploitation à l'ouverture de l'usufruit. Mais la jouissance légale étant toute particulière, aux termes mêmes de la loi, doit nécessairement présenter des règles spéciales

(1) Caen, 20 décembre 1810. — Douai, 22 juillet 1834.

quant aux droits qu'elle confère. Par exemple d'après l'art. 453 « les pères et mères, tant qu'ils ont la jouissance légale des biens du mineur, sont dispensés de vendre les meubles, s'ils préfèrent de les garder pour les remettre en nature. » A la condition toutefois d'en faire faire à leur frais une estimation à juste valeur et de rendre la valeur estimative de ceux qu'ils seront dans l'impossibilité de restituer en nature, tandis qu'aux termes de l'art 589 « l'usufruitier a le droit de s'en servir pour l'usage auquel ils sont destinés, et n'est obligé de les rendre à la fin de l'usufruit, que dans l'état où ils se trouvent, non détériorés par son dol ou par sa faute. » Le droit du père sur les meubles est-il autre que le droit de l'usufruitier, en d'autres termes pourra-t-il rendre les meubles tels qui se trouveront à la fin de sa jouissance? Nous croyons qu'on ne doit faire sous ce rapport aucune différence entre l'usufruitier légal et l'usufruitier ordinaire. En effet, si l'on donne au premier le droit de garder les meubles pour les restituer en nature, pourquoi lui accorde-t-on cette faculté, sinon pour qu'il en jouisse suivant l'usage auquel ils sont destinés? Cet usage ne doit-il pas les détériorer fatalement? L'art. 451 veut encore nous confirmer dans notre opinion; en effet, si l'usufruitier légal est tenu de restituer la valeur estimative des meubles qu'il ne peut rendre en nature, n'est-il pas évident qu'il devra restituer dans l'état où ils se trouveront, les meubles qu'il aura conservés? Il est bien entendu qu'il ne s'agit ici que de dégradations survenues à suite d'usage et de vétusté; les dégradations commises par la faute ou le dol le forceraient à restituer les objets détériorés d'après leur valeur estimative. M. Demolombe a soutenu avec énergie le système contraire, mais les arguments qu'il invoque ne nous paraissent pas décisifs : son principal argument consiste à dire que dans l'art. 453, le législateur s'est servi des termes « restitution en nature » tandis que dans l'art. 589, il a employé les expressions : « l'usufruitier devra représenter les meubles dans l'état où ils se trouveront, » Représenter un objet dans l'état où il se trouve, n'est-ce pas le restituer en nature ? Avec la loi nous ne reconnaissons que deux modes de restitution, ou la valeur estimative de l'objet, ou l'objet lui-même ; ne serait-ce point créer un troisième mode que de forcer l'usufruitier légal à restituer les meubles 1° en nature, 2° en estimation, car on serait obligé de procéder à une nouvelle estimation de l'objet soumis à l'usufruit, et la différence entre les deux estimations devrait être acquittée au moyen d'une soulte en argent : où voyons-nous dans le Code une telle manière de procéder ? Notre système n'offre-t-il pas une plus grande simplicité ? Si l'objet se retrouve en nature, il tombera immédiatement entre les mains de l'enfant ; si l'usufruitier légal ne peut le représenter, on recourra à l'estimation primitive, et on notera le prix ; lorsque l'inventaire aura été terminé, on additionnera les sommes représentant la valeur des meubles qui n'ont pu être rendus, et ce total formera précisément la somme dont le père ou la mère se trouveront débiteurs envers l'enfant. Il est bien entendu que le droit conféré par l'art 453 au père et à la mère de garder les meubles pour les restituer en nature, ne s'applique qu'aux meubles meublants, et ne peut être étendu par exemple aux marchandises faisant l'objet d'un commerce (1) ; mais la mère qui veut continuer le commerce peut être autorisée à garder les marchandises en donnant bonne et valable caution de leur valeur estimative (2). Dans le cas où l'usufruitier légal voudrait vendre les meubles, il serait tenu de restituer le prix de leur estimation. Mais a-t-il le droit de vendre ou de céder ou d'hypothéquer son usufruit ? L'usufruit ordinaire jouit de cette faculté. Devons-nous étendre cette jouissance à celle des pères et mères ? Pour l'affir-

(1) Aix, 1800, arrêt.
(2) Même arrêt.

mative les auteurs ont prétendu, que toutes les règles de l'usufruit ordinaire régissent l'usufruit légal, à moins d'une exception expresse : or, l'on ne trouve pas cette exception lorsqu'il s'agit de vendre, de céder ou d'hypothéquer (1). Nous ne saurions accueillir ce raisonnement.

L'usufruit ordinaire est constitué au profit d'une seule personne; par conséquent, il est juste que cette personne en retire tous les avantages qu'elle juge convenable; tandis que la jouissance légale, émanation de la puissance paternelle, a été établie en faveur des père et mère, autant dans l'intérêt de l'enfant que dans le leur. L'aliéner ou l'hypothéquer ne serait-ce pas se soustraire aux charges imposées en vue de l'enfant seul ? Car il ne faut pas oublier, que le législateur n'accorde l'usufruit que pour aider le père à supporter le poids, quelquefois lourd, de l'éducation et de l'entretien du mineur : La loi fiscale a parfaitement compris l'intention du législateur, puisqu'il n'est dû aucun droit de mutation au cas d'usufruit légal : « les pères, dit la loi, qui viendront à l'administration et jouissance, que quelques coutumes leur donnent des biens appartenant aux enfants non émancipés, en vertu de la simple puissance paternelle, ne devront aucun droit (2). » Pourquoi vouloir aller plus loin que le législateur fiscal et considérer comme un usufruit ordinaire une jouissance spéciale qui offre de nombreuses exceptions (3). Les créanciers de l'usufruitier peuvent-ils faire saisir les fruits des biens soumis à l'usufruit ? En principe, le doute n'est pas permis, car la jouissance appartient au père, et les fruits, dès lors, sont comme ses autres biens, le gage commun de tous ses créanciers; mais leur saisie ne pourra porter que sur les fruits dont le

(1) Duvergier, de la vente, t. I, n° 213.
(2) Loi des 20 septembre, 6 octobre 1791.
(3) Demangeat, Revue de Droit français 1815, p. 674. — Demolombe, t. VI, n° 627, p. 410.

12.

père peut disposer, et non sur ceux destinés à acquitter les charges imposées à l'usufruitier légal ; ils ne peuvent pas avoir plus de droits que le débiteur lui-même. Par application de ce dernier principe, il a été jugé que les créanciers des père et mère, usufruitiers légaux, ne peuvent point saisir les fruits des biens soumis à l'usufruit, si les charges de l'entretien et de l'éducation de l'enfant en absorbent la valeur : La majorité des auteurs est conforme à cette décision (1). Quant au point de savoir jusqu'à concurrence de quelle somme les fruits pourront être saisis, et quels, au contraire, seront retenus pour servir à l'éducation de l'enfant, c'est une question de fait, laissée à la souveraine appréciation des tribunaux.

Si l'usufruit légal diffère en quelques points de l'usufruit ordinaire, lorsque cet usufruit est exercé en même temps que la tutelle, c'est-à-dire après la dissolution du mariage, jusqu'au jour où l'enfant aura été émancipé, il est soumis aux mêmes règles que celles qui régissent la tutelle ; mais la loi a conféré aux père et mère, tuteurs de leurs enfants, des droits qu'elle avait refusés aux tuteurs ordinaires. Ainsi, comme nous l'avons déjà vu, ils ne sont pas tenus de vendre les meubles, ils ont le choix de les conserver en nature (453). Ils sont déchargés de l'obligation de remettre au subrogé-tuteur des états de situation de leur gestion aux époques désignées par le conseil de famille (470). En dehors de ces exceptions, leurs droits et leurs devoirs sont communs avec les droits et devoirs d'un tuteur.

Il ne nous reste plus maintenant, qu'à faire connaître les causes d'extinction et de déchéance de l'usufruit paternel.

---

(1) Paris, 19 mars 1823. — Colmar, 17 janvier 1855.

§ 5.

Comment prend fin l'usufruit légal?

1° Par l'émancipation expresse ou tacite de l'enfant. — La jouissance légale des père et mère est éteinte par l'émancipation expresse de l'enfant de quinze ans à dix-huit ans (477), ou par son émancipation tacite, s'accomplissant par le mariage (476). Dans le cas d'émancipation expresse, lorsque le mineur émancipé a contracté des obligations à la légère, et en disproportion avec sa fortune, il pourra être privé du bénéfice de l'émancipation (484-485, voir les causes d'extinct. de la puiss. pat.), on doit, en conséquence, se demander si l'usufruit paternel revivra à compter du jour de la délibération du conseil de famille, constatant qu'il est de l'intérêt du mineur d'être privé de ce bénéfice. Quelques auteurs, se fondant sur le texte de l'art. 486, se prononcent pour la négative. Ils soutiennent que cet article a bien pour effet de faire rentrer le mineur en tutelle, mais non point de rétablir, au profit du père ou de la mère, un usufruit éteint, auquel ils avaient renoncé en émancipant leur enfant, et qui ne saurait revivre qu'en présence d'une disposition formelle : D'après eux, la révocation tend au seul but de couper court à la mauvaise conduite du mineur qui abuse de sa liberté, et non point de transférer l'administration ou la jouissance de ses biens sur la tête de son tuteur dont il va de nouveau ressentir l'autorité (1). Cette opinion nous paraît inadmissible si l'on veut appliquer à la lettre l'article 486; il faut aller jusques à dire, que pendant la durée du mariage, l'émancipation est irrévocable, puisque le

(1) Toullier, t. II, n° 1303. — Marcadé, t. II, art. 589, n° 7.

mineur ne retombera plus en tutelle, et que dans cette cir-
constance, on ne peut plus lui appliquer notre article : Si
l'on admet que l'émancipation peut être révoquée, lorsque
la tutelle n'est pas encore ouverte, le mineur reviendra
nécessairement sous la puissance paternelle, et alors, l'on
doit lui appliquer toutes les règles relatives à cette matière.
Dire qu'en émancipant l'enfant, le père a renoncé à son
usufruit légal, s'est se conformer aux principes, mais soutenir qu'il l'a émancipé, sans espoir de reprendre un jour
le droit auquel il renonce, nous paraît un avis contraire à
l'équité. En effet, le père n'a émancipé l'enfant que dans
l'intérêt de ce dernier : Par l'émancipation, la plupart des
charges qui pesaient sur lui se sont éteintes; mais si
l'enfant ne sait point user sagement de ce bénéfice, la
puissance paternelle renaît, et avec elle, toutes les obligations qui y sont attachées; voudrait-on en séparer les
avantages (1)?

Les fruits acquis pendant la durée de l'émancipation
seront acquis à l'enfant et le père devra en rendre compte.
Ceux qui surviendront depuis le jour de la révocation de
l'émancipation appartiendront à l'usufruitier légal ; mais
les créanciers du père ou de la mère seraient-ils recevables
à faire révoquer l'émancipation sous pretexte qu'elle contient une renonciation indirecte et frauduleuse à l'usufruit
légal. L'affirmative et la négative ont été soutenues; mais
nous pensons que cette question ne peut recevoir de solution en principe, les créanciers pourront bien attaquer la
renonciation ; mais à eux seuls il appartient de prouver
qu'elle a été faite en fraude de leurs droits. Nous suivrons
la règle commune (art 1107) s'il rapportent la preuve que
cette manœuvre à eu pour but de rendre leurs droits sans
effets, les tribunaux doivent accueillir leur demande, dans
le cas contraire il est de leur devoir de la rejeter; 2° par
l'accomplissement de la dix-huitième année du mineur,

---

(1) Proudhon, Usufruit, t. I, p. 267.

Cet âge est le terme de la durée de l'usufruit, il ne saurait être dépassé, alors même que la puissance paternelle se prolongerait au-delà.

La loi a craint sans doute, que pour conserver cette jouissance, les père et mère ne reculassent devant l'émancipation expresse de l'enfant et ne le détournassent d'un mariage avantageux pour conserver plus longtemps cet usufruit. Elle a voulu ainsi que les trois dernières années qui précèdent la majorité de l'enfant, fussent accumulés pour que ces économies lui permissent de soutenir la position qu'il occupe déjà ou qu'il est destiné à embrasser.

3° Par le décès de l'enfant, l'usufruit légal étant un attribut de la puissance paternelle, devait expirer avec elle, si la puissance survit à l'usufruit le contraire ne peut jamais exister. L'art. 620 aux termes duquel « l'usufruit accordé jusqu'à ce qu'un tiers ait atteint un âge fixe, dure jusqu'à cette époque, encore que le tiers soit mort avant l'âge fixe, semble contrarier cette opinion ; mais on ne doit pas oublier que l'enfant n'es pas ici un tiers, puisque il est lui-même propriétaire des biens soumis à l'usufruit, l'âge de dix-huit ans n'est point un terme fixe, car la jouissance légale peut cesser avant cette époque, par exemple à suite d'émancipation ; l'art. 384 en n'accordant au père et à la mère que l'usufruit sur les biens de leurs enfants corrobore notre manière de voir. Après le décès du mineur, les biens lui appartiennent-il ? On pourrai encore puise un argument dans l'art. 754 qui, dans le cas de décès de l'enfant sans postérité, attribue au père ou à la mère survivant, l'usufruit du tiers des biens auxquels il ne succède pas en pleine propriété ; s'il était encore usufruitier à quoi bon lui attribuer un nouvel usufruit ; 4° par les causes extinctives de l'usufruit ordinaire.

Toutes les causes qui produisent l'extinction de l'usufruit ordinaire, produisent l'extinction de l'usufruit légal. Ainsi aux termes de l'art. 618, l'usufruit peut cesser par l'abus que l'usufruitier fait de sa jouissance, soit en commettant des dégradations sur le fonds, soit en le laissant dépérir faute d'entretien. Cette règle devra être étendue au père et à la mère. Mais pourrait-on prononcer la déchéance de l'usufruit légal, lorsque l'usufruitier néglige d'exécuter les charges qui lui sont imposées par l'art. 385.

Quelques auteurs adoptent l'affirmative, sur ce double motif que, puisque la disposition de la loi qui veut que l'usufruitier puisse être déclaré déchu de son droit quand il en abuse, est absolument générale ; il faut en conclure qu'elle doit être appliquée, non seulement à l'égard de l'usufruitier étranger ; mais encore lorsqu'il s'agit des père et mère ayant l'usufruit légal des biens de leurs enfants mineurs de dix-huit ans. L'usufruit n'étant concédé que sous certaines conditions, du moment où elles ne sont pas remplie, la résolution de la jouissance semble devoir en être la conséquence nécessaire (1184) (1). Dans le système contraire, l'on fait remarquer que la déchéance pour l'exécution des charges, n'est écrite nulle part, ce qui fait supposer jusqu'à preuve contraire que le législateur n'a pas eu l'intention de la prononcer, on cherche cette preuve contraire dans les principes généraux en matière de résolution d'obligation ; mais il existe entre ces deux cas une grande différence. Lorsqu'il s'agit d'obligations ordinaires, elles se forment par conventions sous toute modalité et conditions qu'il plait aux contractants, si une de ces modalités ou de ces conditions n'est pas exécutée l'obligation entière croule.

Les charges auxquelles est soumis l'usufruit légal sont imposées par la loi : la loi seule a le droit de prononcer la résiliation du contrat, lorsque ces charges ne sont point fidèlement remplie. D'abord, est-il exact de dire que ces charges soient imposées sous condition résolutoire? Elles sont des accessoires très importants attachés à l'usufruit

(1) Proudhon, de l'usufruit, t. IV, n° 2423, p. 527. — Paris, 4 févier 1832.

légal, mais elles ne sont point la cause même de la concession; car la loi, en accordant aux pères et mères la jouissance des biens de leurs enfants, a voulu non seulement aider ceux qui ont cette jouissance à supporter les frais de l'éducation et de la nourriture, mais encore éviter la reddition de comptes des revenus, comptes d'une complication extrême, et qui peuvent entraîner des procès fâcheux entre les membres d'une même famille. On pourra sans doute prendre des précautions, des mesures de surveillance et de garantie contre l'usufruitier légal, en confiant l'administration des biens à un tiers, qui acquittera d'abord les charges et remettra l'excédant entre les mains de l'usufruitier; mais ce serait aller au-delà des intentions du législateur que de déclarer l'usufruitier légal à tout jamais déchu de sa jouissance (1). Comme à l'égard de l'administration, l'usufruit légal pourrait être retiré dans le cas d'inconduite notoire, d'incapacité ou d'infidélité dans la gestion.

Quoique très ressemblante à l'usufruit ordinaire, la jouissance légale a des règles spéciales qui ne permettent point d'appliquer toutes les règles d'extinction. Ainsi, le non-usage pendant trente ans ne pourrait être un mode d'extinction de l'usufruit qui ne peut durer plus de dix-huit ans, pas plus que la perte totale de la chose (622) ne saurait concerner l'usufruit légal comprenant l'universalité des biens de l'enfant. La consolidation ne peut avoir lieu que très rarement, puisque le père ou la mère ne peuvent, tant que dure la puissance paternelle ou la tutelle, se rendre adjudicataires des biens du mineur.

5° Par la mort de l'usufruitier. — Si c'est le père usufruitier qui meurt, l'usufruit ne s'éteint sur sa tête que pour revivre dans la personne de la mère au cas de survie de celle-ci (117-385).

_____

(1) Demolombe, t. VI, n° 599, p. 485. — Dalloz, rép. v° puiss. pat., n° 657, p. 593,

6° Par la renonciation. — Malgré que le Code n'indique pas ce mode d'extinction, il est clair que les pères et mères peuvent en user. Tous les auteurs sont d'accord sur ce point. Mais la renonciation a-t-elle un effet rétroactif, et dispense-t-elle le renonçant d'acquitter les charges à lui imposées par l'art. 385? Sans aucun doute, dit Zacharie (1), il est tenu de restituer les fruits qu'il a déjà perçus : les charges imposées à l'usufruitier ne sont que des charges réelles ; or, il est de principe que ces charges n'obligent la personne que *propter rem*, donc la seule restitution des fruits opère l'affranchissement de l'obligation même pour le passé. Mais on répond avec raison que la jouissance légale n'est point un pur bénéfice accordé aux pères et mères, que, outre les charges ordinaires de l'usufruit, il est grevé de charges qui ne sauraient en être détachées sans troubler l'harmonie de la loi, que quelques-unes de ces charges existant déjà au moment même de l'ouverture du droit, de telle sorte que par son acceptation l'usufruitier est au moment même tenu de les acquitter, la renonciation à l'usufruit légal n'est pas la résolution de ce droit. Elle l'éteint sans doute pour l'avenir, mais elle ne peut pas faire qu'elle n'ait pas existé, tant que la renonciation ne s'est produite. Or, s'il a existé, cette qualité est indélébile et doit être acceptée avec toutes ses conséquences (2). Mais si les pères et mères peuvent renoncer au droit d'usufruit lorsqu'il est déjà ouvert, le peuvent-ils également avant que ce droit ait pris naissance? Peuvent-ils stipuler, par exemple, dans leur contrat de mariage, que le survivant n'aura pas l'usufruit légal? Nous avons déjà traité cette question, il est inutile d'y revenir. Nous pouvons donc établir en principe que la renonciation à la jouissance légale ne peut avoir lieu avant l'ouverture de ce droit, mais que, dès qu'il est ouvert, les pères et mères peuvent renoncer,

(1) T. I, p. 685.
(2) Demolombe, t. VI, n° 600, p. 474. — Lyon, 16 fév. 1835.

à la condition toutefois de supporter les charges qui pèsent sur eux depuis le moment de l'ouverture jusqu'à l'époque de la renonciation.

7° Par l'indignité. — Aux termes de l'art. 750, « l'usufruit légal cesse lorsque les pères et mères sont exclus d'un héritage comme indignes, et que les enfants viennent à la succession de leur propre chef. » Trois hypothèses peuvent se présenter : 1° les pères et mères sont tous deux déclarés indignes. Dans ce cas, tous deux sont privés de l'usufruit légal, quelle que soit la cause qui ait fait prononcer l'indignité, par exemple, si l'un était auteur, l'autre complice; 2° le père seul est frappé d'indignité.

Alors l'usufruit profite aux enfants et non à la mère, parce que tant que le mariage subsiste et tant que le mari exerce la puissance paternelle, lui seul a l'usufruit légal : d'ailleurs, s'il reposait sur la tête de la femme, il n'en profiterait pas moins au mari, parce que lui seul, en sa qualité de chef, a la jouissance, dans certains cas, des biens de sa femme. 3° Si c'est la mère seule qui est déclarée indigne, le père n'en a pas moins droit à l'usufruit légal. Mais la déchéance provenant de l'indignité ne peut évidemment porter que sur les biens de la succession dont l'héritier s'est rendu indigne. Si les enfants avaient déjà d'autres biens ou en acquéraient par la suite, le père et la mère n'en auraient pas moins l'usufruit.

8° Par la prostitution ou corruption favorisée, facilitée par les père et mère (335, C. P.). Il s'agit de savoir, 1° si la déchéance prononcée par le délit ci-dessus mentionné est applicable dans le cas d'autres délits; 2° si le père ou la mère qui s'est rendu coupable d'excitation à la débauche est privé non seulement de l'usufruit légal des biens de l'enfant dont les mœurs ont été corrompus, mais privé encore de l'usufruit des autres enfants. La première question a été par nous examinée. Lorsque nous avons esquissé les causes de déchéance de la puissance paternelle sur la personne de l'enfant; nous avons dit que si le législateur n'avait pas étendu l'article 335, il ne l'avait pas fait immédiatement pour ne pas entraver sa marche, que son intention était de le reprendre dans la suite, mais qu'il avait été oublié (1). Nous n'hésitons pas à embrasser la même solution pour le cas qui nous occupe actuellement. La deuxième question s'est présentée à nous, les mêmes motifs doivent nous maintenir dans l'opinion que nous avons choisie. L'article 335, en effet, ne parle que de la privation à l'égard de « l'enfant corrompu » et non de tous les autres enfants. La loi s'exprime différemment lorsque elle veut comprendre les enfants en général ; ainsi elle se sert des termes « propres aux enfants » (34-4e) ou bien « de ses enfants » (42-1°). On ne comprendrait pas ensuite pourquoi les pères et mères encourraient une déchéance pour un délit qui ne peut atteindre nullement les autres mineurs.

0°. Par le convol de la mère (386). Le motif de cette déchéance a été expliqué en termes énergiques et concis par le conseiller d'Etat Réal dans son exposé des motifs de la puissance paternelle « une dernière disposition, dit-il, prononce que cette jouissance cessera à l'égard de la mère, dans le cas d'un second mariage. Quelques motifs parlaient en faveur des mères qui ne se marient que pour conserver à leurs enfants, l'établissement formé par leur père ; mais cette exception ne peut effacer l'inconvenance qu'il y aurait à établir en principe, que la mère peut porter dans une autre famille, les revenus des enfants du premier lit, et enrichir ainsi son nouvel époux à leur préjudice (2). » Pourquoi le père qui convole à de nouvelles noces, n'est-il pas déchu de son droit de jouissance ? Parce que sous presque tous les régimes, il perçoit les revenus qui appartiennent à la femme, et qu'il pourra distribuer ces revenus entre les enfants du premier et du second lit.

(1) Voir dech. modif. de la puiss. pat.

(2) Cod. civ. Exposé des mot. rap. et discussion. Paris, Fir. Didot, 1820, t. III, p. 190.

L'usufruit ne s'éteint dans la personne de la mère que pour l'avenir; toutes les charges ont dû être acquittées par elle, elle a pu recueillir tous les fruits depuis le moment de l'ouverture de son droit jusqu'à l'époque de son nouveau mariage; mais ce dernier fait entraîne une privation absolue, et qui ne saurait revivre alors même que le mariage viendrait à être dissous par le décès du second mari. L'art. est formel à cet égard; tous les auteurs sont d'accord sur ce point. La mère ne reprend pas l'usufruit même dans l'hypothèse où elle redevient veuve avant que les enfants aient atteint l'âge de dix-huit ans, parce que ces droits étant annihilés et l'usufruit ayant reposé sur la tête seule des enfants, il faudrait une disposition précise pour qu'on pût les considérer encore comme un accessoire de la puissance paternelle (1). Taulier enseigne l'opinion contraire « poser en principe, dit-il, que l'usufruit est irrévocablement éteint par le second mariage de la mère, c'est décider la question par la question; car il s'agit précisément de s'avoir si, d'après l'art. 386 la jouissance cessera pour toujours, ou seulement pendant le second mariage. » Nous nous conterons d'opposer à cette objection, le texte même de l'art. 385. « L'usufruit légal cesse, » peut-il y avoir des termes plus clairs et plus plus absolus? Le doute y est-il permis? Mais que devait-on décider, le mariage de la mère venant à être déclaré nul? Un système d'équité, basé sur une distinction, a été proposé par M. Duranton. D'après lui, si la mère en se remariant est de bonne foi, elle aura perdu l'usufruit légal; car son mariage aura produit des effets : la cessation de la jouissance étant l'un des effets du second mariage. Si au contraire le mariage n'était pas contracté de bonne foi, elle aura conservé l'usufruit légal, car l'annulation de son mariage a empêché tout effet civil de se produire.

Il nous est impossible d'admettre cette distinction, con-

_____

(1) Contra Taulier, t. I, p. 496. — Duranton, t. III, n° 387.

traire au texte de l'art. 386 dont les termes sont formels :
« cette jouissance légale, dit-il, cessera à l'égard de la mère
dans le cas du second mariage. » Le seul fait de la célébration, doit fatalement entraîner cette déchéance contraire à son esprit ; en effet, il peut très-bien arriver que
la nullité du mariage ne soit prononcée qu'après dix ou
vingt ans de cohabitation, de telle sorte que le nouvel
époux conserverait la jouissance pendant ce temps ? Le législateur n'a pu vouloir aboutir à ce résultat. D'autres
auteurs allant plus loin que Duranton, et acceptant le
principe dans toute sa rigueur et toutes ses conséquences
ont soutenu que l'annulation du mariage faisait toujours
revivre l'usufruit au profit de la mère. Ils considèrent la
cessation de l'usufruit comme un des effets civils du mariage ; or, disent-ils, si le mariage est annulé, il ne peut
produire des effets civils, on doit donc le considérer comme
n'ayant jamais existé, *quod nullum est, nullum habet
effectum*, puisqu'il n'a jamais existé, la mère n'a jamais
perdu son droit à l'usufruit, par conséquent elle est apte
à le revendiquer. Ces auteurs nous semblent avoir fait une
confusion, ils ont considéré à tort la cessation de l'usufruit
comme un des effets civils du mariage : ce n'est en réalité qu'une déchéance, une peine prononcée par le seul fait
du convol, ainsi que nous l'apprennent ces paroles ci-dessus rapportées du conseiller d'État Réal, et comme cela
ressort de la rédaction de l'art. 385. Cependant les auteurs
cités à la note font une restriction, et déclarent que la mère
ne sera point privée de son droit d'usufruit, lorsqu'on
aura usé de violence avec elle, parce qu'alors le consentement a été vicié.

Dans plusieurs de ses décisions, la jurisprudence reculant
hors de ses véritables limites, l'art. 385 a déclaré, que si la
mère qui se remarie est déchue de l'usufruit des biens de
ses enfants, il en est de même, à plus forte raison, de la
mère qui vit hors mariage dans un état d'inconduite no-

toire, et donne le jour à des enfants naturels (1). Quelques auteurs se sont laissés entraîner par ces décisions (2). L'opinion contraire a été aussi consacrée par quelques arrêts, et adoptée par la doctrine. Nous nous rangeons à cette opinion par un double motif : En premier lieu, parce qu'une peine ne doit jamais être appliquée par analogie; en second lieu surtout, parce que la mère n'a point convolé et ne peut ainsi porter, dans une famille étrangère, les revenus destinés à élever et instruire suivant leur fortune personnelle les enfants du premier lit. Ne serait-ce pas créer une nouvelle disposition ?

10° Par le défaut d'inventaire à la dissolution de la communauté. — L'application de l'art. 1442 aux termes duquel « le défaut d'inventaire, s'il y a des enfants mineurs, fait perdre à l'époux survivant la jouissance de leurs revenus, a suscité de nombreuses difficultés et donné lieu à une controverse délicate. Occupons-nous d'abord de la confection de l'inventaire, du délai dans lequel il doit être fait, du point de savoir si l'expiration de ce délai entraine fatalement la privation de la jouissance, et nous étudierons ensuite la question relative à l'application de l'art. 1442 à tous les régimes matrimoniaux.

L'inventaire doit être comme tous les actes de cette nature fidèle et exact (774), si donc le survivant des époux omettait sciemment et de mauvaise foi, de comprendre dans l'inventaire des effets de la succession, ou s'il se rendait coupable de récélé (801), il encourrait la déchéance de l'usufruit légal; en effet, l'émission et le récélé ne privent point seulement l'héritier des objets omis malicieusement ou soustraits, mais ils font perdre à tout jamais le bénéfice de l'inventaire, de telle sorte que toute irrégularité équivaut à défaut d'inventaire. Il a été jugé

---

(1) Limoges, 10 juil. 1807. — Limoges, 2 av. 1810. — Limoges, 23 juil. 1824.

(2) Delvincourt, t. 1, p. 248, note 8. — Vazeille du mar., t. II, n° 431.

que les omissions qui ne résulteraient que d'un oubli, d'une négligence, ne pourraient donner lieu à la privation de la jouissance (1). Tous les articles du Code Napoléon qui ordonnent la confection de l'inventaire fixent un délai après lequel la déchéance du bénéfice sera encourue de plein droit, seul notre article ne parle point de délai. De ce silence doit-on conclure, que le survivant est toujours à temps de dresser l'inventaire ? L'art. 795 accorde à l'héritier qui ne veut accepter que sous bénéfice d'inventaire un délai de trois mois à compter du jour de l'ouverture de la succession pour l'accomplissement de cette formalité : s'il ne l'a point accompli à ce moment, il est à tout jamais déchu de l'acceptation bénéficiaire. L'art. 1456 impose le devoir à la femme survivante, qui veut conserver la faculté de renoncer à la communauté, de faire faire dans les trois mois du jour du décès du mari, un inventaire fidèle et exact des biens de la communauté contradictoirement avec les héritiers du mari, ou eux dûment appelés : si elle n'accomplit pas cette obligation, elle est nécessairement forcée d'accepter la communauté. Ces deux exemples ne doivent-ils pas nous porter à croire que le délai de trois mois, accordé pour la confection de l'inventaire, dans les cas prescrits par la loi, est un délai de droit commun, et que si l'art. 1442 a oublié de le rappeler, c'est qu'il a entendu se référer à la règle générale ? Cette interprétation est celle de la majorité des auteurs, et celle que nous croyons devoir adopter. On trouve cependant quelques décisions en sens contraire (2). Mais en admettant que le délai pour faire inventaire, soit de trois mois, doit-on considérer ce délai comme fatal, et entraînant nécessairement la déchéance du droit d'usufruit pour l'époux qui l'a laissé expirer ? Cette question a soulevé dans la doctrine des opinions très divergentes. D'après l'une de

(1) Cassation, 1er juillet 1828.
(2) Caen, 18 août 1842. — Bourges, 14 fév. 1859.

ces opinions ce délai est tellement rigoureux, que l'usufruitier qui l'aurait laissé passer sans procéder à l'inventaire n'acquerrait pas, par un inventaire tardif, un nouveau droit à la jouissance qu'il a perdue. Proudhon résume
ainsi son opinion : Le défaut d'inventaire au bout de
trois mois prive le survivant de son droit d'usufruit jusqu'à l'inventaire tardif; mais si l'inventaire quoique tardif a été fait de bonne foi, sans soustraction ni récélés, et
qu'il ait pu être fait assez exactement pour qu'on doive
s'en référer à ce qui est contenu, sans recourir à la preuve
testimoniale ou à la commune renommée, il doit être suffisant pour mettre obstacle au rapport des revenus des
mineurs échus depuis sa confection. Enfin, si l'inventaire
n'a pu ou ne peut être fait que par voie d'enquête, il y a déchéance entière du droit d'usufruit. Pour motiver cette distinction, l'auteur s'appuie sur le texte même de l'art. 1442,
qui veut que quand on a négligé de faire inventaire de la
communauté, les enfants mineurs soient admis à la preuve
par commune renommée contre le survivant des pères et
mères, et que celui-ci soit en *outre* privé de la jouissance
de leurs revenus. M. Demolombe (1) laisse aux tribunaux
le pouvoir de décider si la déchéance est encourue même
après l'expiration des trois mois. D'après lui, la fixation
de ce délai « n'étant que le résultat de l'interprétation de
la doctrine, et n'étant pas assise sur une base très solide,
il ne faut pas en induire des conséquences trop rigoureu-
ses. » On ne devrait pas déclarer déchu par exemple, celui
qui n'aurait pas achevé ou même commencé l'inventaire à
suite de circonstances indépendantes de sa volonté et qui
d'ailleurs ne mériterait aucun reproche.

La jurisprudence a dessiné encore plus de nuances que
la doctrine. Un arrêt mentionné dans le recueil de Sirey,
a décidé que le défaut d'inventaire, dans le délai de trois
mois après le décès de l'un des époux communs en biens

(1) T. VI, n° 673, p. 469.

opère la déchéance irrévocable, pour le survivant, de l'usufruit légal des biens mineurs issus du mariage, à ce point que l'inventaire, fait plus tard, ne peut faire cesser la déchéance même pour l'avenir (1). Un autre arrêt a jugé que la déchéance n'est point encourue alors qu'il a été ultérieurement procédé à un inventaire, et que ce retard n'a causé aucun préjudice aux enfants (2). Deux autres ont décidé qu'il en serait ainsi s'il existait un cas de force majeure ou de justes motifs qui l'aient empêché de procéder à la confection de cet acte (3). Enfin, un dernier arrêt va encore plus loin en reconnaissant à l'inventaire tardif la force de conserver l'usufruit légal, s'il est constant qu'il a été dressé avec fidélité, et encore qu'il ne serait allégué aucun fait de force majeure pour excuser le retard (4). Aucune de ces solutions ne nous paraît conforme aux vrais principes : avec la première nous admettons que le défaut d'inventaire, dans les trois mois, entraîne la déchéance ; mais nous croyons aussi que, si l'usufruitier veut l'éviter, il devra s'adresser, avant l'expiration du délai, aux tribunaux qui pourront accorder une prorogation s'il justifie de l'impossibilité, dans laquelle il s'est trouvé, d'accomplir l'acte à lui imposé par l'art. 1442. S'il ne prend pas cette précaution, la déchéance devra être fatalement encourue, alors même qu'il alléguerait un cas de force majeure. *Quid*, si une succession arrive à un mineur, et si le père qui doit en avoir la jouissance néglige de faire inventaire ? Deux auteurs (5) ont soutenu que la déchéance prononcée par l'art. 1442 s'appliquait aussi dans ce cas, mais cette opinion est in-

(1) Douai, 15 novembre 1853.
(2) Caen, 18 août 1842.
(3) Orléans, 7 mars 1863. — Douai, 14 fév., même année.
(4) Bourges, 14 fév. 1850.
(5) Taullier, t. II, n° 1065 et t. XIII, n° 9. — Proudhon de l'usuf., t. I, n° 168 et 167.

admissible. En effet, la privation de l'usufruit, pour défaut d'inventaire, est placée dans le chapitre II, du contrat de mariage au titre du régime de communauté, et elle
n'a été édictée que pour remplacer, à défaut d'inventaire,
la continuation de la communauté anciennement établie
entre le survivant et les enfants venant se mettre au lieu
et place de l'époux décédé.

Cet inventaire a donc pour but unique de fixer d'une
manière aussi exacte que possible la consistance des biens
de la communauté; en conséquence, il suffit qu'il com-
prenne les effets mobiliers. Si le législateur avait voulu
étendre cette règle aux successions échues à des mineurs,
aurait-il manqué de la placer au titre de la puissance paternelle? S'il ne l'a pas fait, c'est qu'il ne l'a pas voulu.
D'ailleurs, nous devons nous rappeler que la succession
échue à un mineur ne peut être acceptée que sous bénéfice
d'inventaire; le père qui négligerait cette formalité ne serait
point privé de son usufruit, mais pourrait être condamné
à payer à l'enfant des dommages-intérêts proportionnés
au préjudice éprouvé par ce dernier (1).

———————————

(1) Demolombe, t. VI, n° 579. — Duranton t. III, n° 590. — Dijon,
17 janv. 1850.

POSITIONS

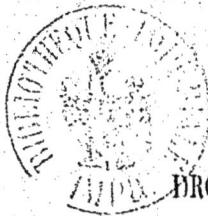

DROIT ROMAIN

I. L'obligation naturelle est prescriptible.

II. Le père dont le fils est décédé, sans frère ni sœur, a droit au pécule castrense, en vertu du droit commun, c'est-à-dire *jure peculii*.

III. Le pupille qui a *aliquem intellectum* s'oblige naturellement.

DROIT COUTUMIER

I. La mainbournie ou puissance maritale est une institution dérivée du *mundium* germanique.

II. La vente de la chose d'autrui est radicalement nulle en droit coutumier.

CODE NAPOLÉON

I. Les pères et mères ont la jouissance légale de l'usufruit d'un bail à ferme légué à leur enfant mineur.

II. L'article 1442 prononçant la déchéance de l'usufruit
légal pour défaut d'inventaire, à la dissolution de la
communauté, n'est pas applicable aux autres régimes.

III. L'article 832 n'est pas applicable en cas de partage
d'ascendants par acte entre-vifs.

PROCÉDURE CIVILE

I. La surenchère du dixième n'est pas admissible après
une adjudication sur folle-enchère.

II. La demande en séparation de corps formée reconven-
tionnellement par l'époux défendeur, à une demande de
même nature, introduite par l'autre époux, est soumise
comme la demande principale aux préliminaires de la
conciliation.

III. La femme séparé de biens ne peut pas sans l'autorisation de son mari, *compromettre* sur les droits dont elle
a la libre disposition.

DROIT CRIMINEL

I. Le duel est-il puni par la loi pénale ?

II. Le contumace jouit du bénéfice des circonstances at-
ténuantes.

III. Les crimes commis par un mineur de seize ans, et
passibles seulement de peines correctionelles, se pres-
crivent-ils par trois ans ou par dix ans ?

DROIT COMMERCIAL

I. Le commerçant qui se donne volontairement la mort
lorsqu'on lui présente un engagement par lui souscrit,

échu au moment de la présentation, se déclare, par ce seul fait en faillite.

II. Les poursuites exercées contre l'un des débiteurs solidaires d'une lettre de change, interrompent-elles la prescription de l'action en paiement à l'égard des autres débiteurs ?

III. Les artistes dramatiques ne peuvent pas être valablement assignés devant la juridiction consulaire.

DROIT ADMINISTRATIF

I. Les actes de vente de baux ou d'échange sont des actes administratifs.

II. Le lit des rivières non navigables ni flottables appartient aux propriétaires riverains et non à l'Etat.

Cette thèse sera soutenue en séance publique, le 7 Août 1868, dans une des salles de la Faculté de Droit de Toulouse.

Vu par le Président de la Thèse,
DUFOUR.

Vu, pour le Doyen empêché,
Le Professeur délégué,
A. RODIÈRE.

Vu et permis d'imprimer :
Le Recteur,
ROUSTAN.

« Les visa exigés par les règlements sont une garantie des principes et
» des opinions relatifs à la religion, à l'ordre public et aux bonnes mœurs
» (Statut du 9 avril 1825, article 41), mais non des opinions purement
» juridiques, dont la responsabilité est laissée aux candidats.
» Le candidat répondra, en outre, aux questions qui lui seront faites
» sur les autres matières de l'enseignement. »

Toulouse — Imp. CAILLOL et BAYLAC, rue de la Pomme, 34.

TABLE DES MATIÈRES

~~~~~~~

DROIT ROMAIN.

ANCIEN DROIT FRANÇAIS.

DROIT FRANÇAIS.

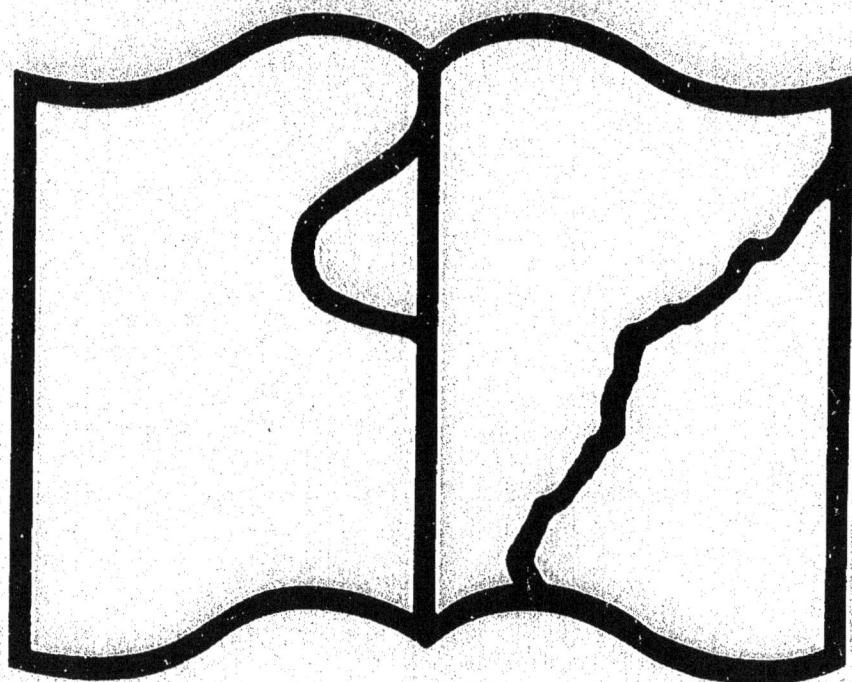

Texte détérioré — reliure défectueuse

NF Z 43-120-11

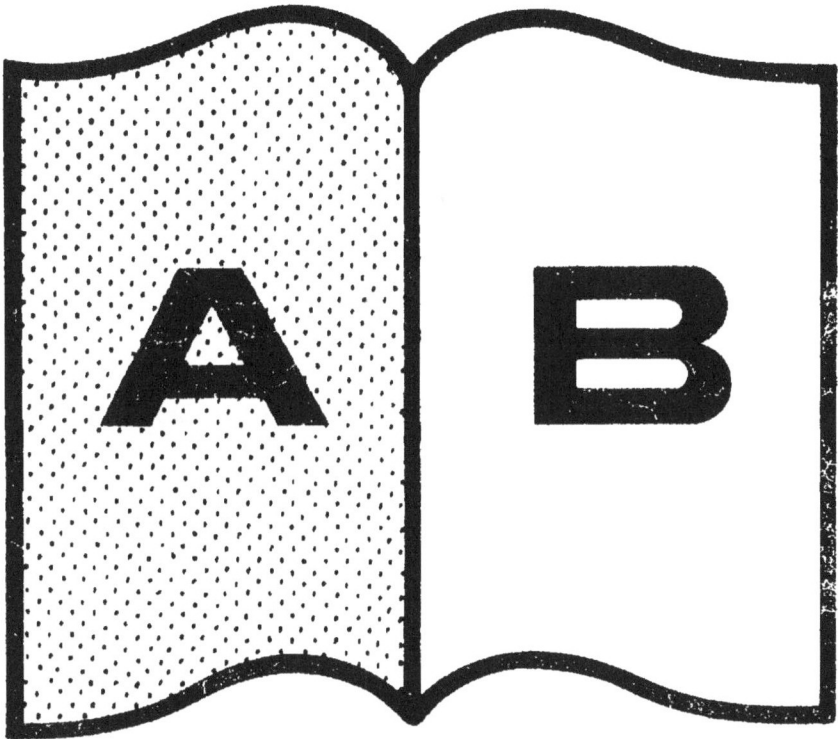

Contraste insuffisant

NF Z 43-120-14